Thomas Harms

Keine Angst vor Babytränen

In der Reihe »Neue Wege für Eltern und Kind« sind bisher folgende Bände erschienen:

Band 1 Thomas Harms (Hg.): *Auf die Welt gekommen. Die neuen Baby-Therapien*. 2000 (Neuauflage 2017).

Band 2 Thomas Harms: *Emotionelle Erste Hilfe. Bindungsförderung – Krisenintervention – Eltern-Baby-Therapie*. 2008 (Neuauflage 2016).

Band 3 Mechthild Deyringer: *Bindung durch Berührung. Schmetterlingsmassage für Eltern und Babys*. 2008 (Neuauflage 2016).

Band 4 Dirk Beckedorf, Franz Müller: *Von der Resonanz zur Bindung. Förderung von Wahrnehmung und Bindung durch die Systemische Hörtherapie*. 2010 (Neuauflage 2016).

Band 5 Ursula Henzinger: *Bindung und Autonomie in der frühen Kindheit. Humanethologische Perspektiven für Bindungstheorie und klinische Praxis*. 2017.

Band 6 Thomas Harms (Hg.): *Körperpsychotherapie mit Säuglingen und Eltern. Grundlagen und Praxis*. 2017.

Band 7 Michel Odent. *Die Wurzeln der Liebe. Wie unsere wichtigste Emotion entsteht*. 2001 [1999] (Neuauflage 2018).

Band 8 Franz Renggli. *Früheste Erfahrungen – ein Schlüssel zum Leben. Wie unsere Traumata aus Schwangerschaft und Geburt ausheilen können*. 2013 (Neuauflage 2018).

Neue Wege für Eltern und Kind · Band 9

Herausgegeben von Thomas Harms

Thomas Harms

Keine Angst vor Babytränen

Wie Sie durch Achtsamkeit das Weinen Ihres Babys sicher begleiten

Psychosozial-Verlag

Bibliografische Information der Deutschen Nationalbibliothek
Die Deutsche Nationalbibliothek verzeichnet diese Publikation in der Deutschen Nationalbibliografie; detaillierte bibliografische Daten sind im Internet über http://dnb.d-nb.de abrufbar.

2. Auflage 2019

E-Mail: info@psychosozial-verlag.de
www.psychosozial-verlag.de

Umschlagabbildung: © Pololia, *Mother trying to calm her crying baby*/Fotolia
Fotografien im Innenteil: © Cornelia Reichlin, 2018
Umschlaggestaltung & Innenlayout nach Entwürfen von Hanspeter Ludwig, Wetzlar
Satz: metiTec-Software, me-ti GmbH, Berlin
www.me-ti.de
ISBN 978-3-8379-2809-9 (Print)
ISBN 978-3-8379-7411-9 (E-Book-PDF)
ISSN 2625-1043

Inhalt

1 Vorwort

Mit diesem Buch werbe ich für die Existenzberechtigung und den Ausdruck des Babyweinens in unserer Welt. Es ist ein Plädoyer dafür, dass Babys mit ihrem Weinen und Schreien etwas Wichtiges mitzuteilen haben, manchmal sogar eine ganze Geschichte erzählen wollen, die gehört werden will.

Wie die meisten Mütter und Väter weltweit wissen auch Sie, wie anstrengend, bedrängend und ermüdend es sein kann, das Schreien eines Babys zu begleiten. Tatsächlich gehört die Begleitung des Babyweinens zu den ganz großen Herausforderungen, die alle angehenden Mütter und Väter meistern müssen. Nicht selten zweifeln Eltern bereits wenige Wochen nach der Geburt an ihren Kompetenzen, weil es ihnen nicht hinreichend gelingt, die Ausdrucks- und Gefühlssprache ihres Babys so zu entschlüsseln und zu beantworten, dass es danach glücklich und entspannt in ihren Armen ruht.

Eine mögliche Folge ist, dass Betroffene mit ihrem Baby in einen schwächenden Kreislauf geraten, in dem sich ihre Gefühle von Belastung und Unsicherheit sowie das untröstliche Schreien ihres Babys wechselseitig befeuern. Manchmal geht es so weit, dass Eltern völlig verzweifeln und frustriert sind, da sie trotz aller Bemühungen, ihrem angespannten und unglücklichen Kind nicht helfen können und keine richtige Nähe zu ihm aufbauen können.

Wir leben heute in einer Welt, in der viele Eltern auf sich alleine gestellt sind. Sie müssen sich angesichts der unendlichen Fülle an Möglichkeiten entscheiden, welcher Umgang mit ihrem neugeborenen Kind für sie persönlich der passendste ist. Gerade weil Großeltern oftmals nicht in der Nähe sind oder auch nicht jene Modelle sind, an denen sich junge Eltern orientieren möchten, braucht es alternative Unterstützungs- und Leitsysteme, um einen stimmigen Weg im Zusammensein mit den eigenen Kindern zu finden.

Die wichtigste Botschaft in diesem Buch lautet, dass die achtsame Selbstverbindung zu Ihrem Körper eine wichtige Voraussetzung dafür ist, dass Sie die Bedürfnisse und Gefühle Ihres Kindes besser verstehen und beantworten können. Was Sie hierfür tun müssen – und dafür braucht es ein wenig Übung und Training – ist, auf die Reaktionen, Empfindungen und Botschaften Ihres Körpers zu achten, während Sie mit Ihrem Kind in Beziehung sind. Wenn Sie also mit Ihrem Kind spielen, es massieren, mit ihm kuscheln oder es in Ihren Armen halten, während es bitterlich weint, kann ein Teil Ihrer Aufmerksamkeit bei Ihrem Kind sein, während ein anderer Teil Ihres Selbst die verschiedenen Sensationen und Reaktionen Ihres Körpers achtsam beobachtet und auswertet.

Ich möchte Ihnen nahebringen, warum der »innere Draht« zu Ihrem Körper – ich spreche in diesem Buch von *Selbstanbindung* – für Sie zur wichtigsten Ressource und Sicherheitsleine werden kann, um auch in schwierigen Momenten des Erziehungsalltags – wie etwa den Schreiphasen Ihres Babys – den Kopf über Wasser zu halten. Indem Sie die Verbindung zu Ihrem Körpererleben bewahren, wird es Ihnen leichter gelingen, an der Seite Ihres Babys erreichbar zu bleiben, statt von den eigenen »heißen« Emotionen überrollt zu werden und aus der Beziehung auszusteigen.

Das Buch gliedert sich in drei Abschnitte: Im ersten Teil widme ich mich dem Schreien als Weltsprache der Babys. Ich werde Ihnen zeigen, warum Ihr Baby schreit und was es von Ihnen benötigt, um sich während seines Schreiens verstanden und gut betreut zu fühlen.

Im zweiten Abschnitt werden Sie erfahren, was Sie tun können, um Ihrem Baby während seiner Schreiattacken ein guter

»Leuchtturm« zu sein, an dem es sich orientieren kann. Ziel ist es, Ihnen die Angst vor dem Schreien und Gefühlsäußerungen Ihres Babys zu nehmen. Ich zeige Ihnen, wie Sie durch eine bewusste Atmung und Körperwahrnehmung in einen sicheren und stabilen Zustand gelangen können, der es Ihnen ermöglicht, auch in den herausfordernden und stressreichen Zeiten mit Ihrem Baby einen kühlen Kopf und ein warmes Herz zu bewahren.

Im letzten Teil erläutere ich Ihnen die Praxis des betreuten Babyweinens: Sie lernen, was Sie konkret tun können, um Ihr Baby während seiner intensiven Schreiphasen so zu unterstützen, dass es sich geborgen und sicher fühlt.

Zum Abschluss gebe ich Ihnen noch einen speziellen *Ressourcen-Koffer* an die Hand: In diesem Teil finden Sie nützliche Körper- und Achtsamkeitsübungen, die Sie in Ihren Elternalltag einbauen können, um Ihre Kraftquellen zu stärken.

Viele Eltern sind der Ansicht, sie seien nur dann *gute Mütter* bzw. *gute Väter*, wenn es ihnen gelänge, ihrem Baby das Erleben von Leid und Unglück – und somit auch den Ausdruck ihres Babyweinens – zu ersparen. Sicher werden Sie nach der Lektüre dieses Buches immer noch versuchen, eine gute Mutter oder ein guter Vater zu sein, aber Sie werden den Begriff der »guten Mutter« oder des »guten Vaters« eventuell neu definieren. Statt Ihrem Kind den Gefühlsausdruck zu ersparen, ist das neue Ziel vielleicht, ein guter Begleiter[1] zu sein. Ein Begleiter, der seine Aufgabe nicht darin sieht, seinem Kind von Beginn an zu sagen, wo es im Leben langgeht. Ein Begleiter, dessen Aufgabe es nicht ist, seinem Kind jede Unlust, jeden Schmerz und jede Träne abzunehmen. Vielleicht haben Sie eine neue Orientierung entwickelt, wie Sie in verkörperter, fühlender und präsenter Weise anwesend sein können, während Ihr Kind in den verschiedenen Entwicklungsphasen die jeweiligen Herausforderungen und Hindernisse

1 Aus Gründen der besseren Lesbarkeit wird auf die gleichzeitige Verwendung männlicher und weiblicher Formen verzichtet. Sämtliche Personenbezeichnungen gelten gleichermaßen für beiderlei Geschlecht.

selbstwirksam meistert. Vielleicht wird die wichtigste Erkenntnis für Sie sein, dass es reicht, da zu sein.

Da zu sein, wenn Sie wirklich gebraucht werden und Ihr Kind sich an Sie wendet. Aber auch da zu sein, um sich selbst im eigenen Körper zu erleben und zu spüren. Denn nur dann, wenn wir uns selbst in unserer ganzen Vitalität und Lebenskraft spüren, sind wir gute und hilfreiche Begleiter unserer Kinder. Richten wir den Blick auf uns selbst, erkennen wir die Gefühle und Körperempfindungen an, die in uns entstehen, dann haben wir gute Chancen aus den Krisen mit unseren Kindern gewachsen und gereift hervorzugehen.

2 Alles auf einen Blick

Vielleicht sind Sie etwas neugierig geworden und möchten wissen, welche Orientierung ich Ihnen in diesem Buch zu bieten habe. Zur Einführung möchte ich Ihnen die Kernthesen in dem Buch kurz vorstellen:

Eltern sollen Leuchttürme für ihre Kinder sein

Ein Baby, das von stürmischen Gefühlen geschüttelt wird, ähnelt einem Schiff, das sich bei schwerer See seinen Weg durch die brechenden Wellen bahnt. Ein Schiff braucht klare Orientierungspunkte, um sicher in den Hafen zurückkehren zu können. Auch Babys benötigen in diesen schwierigen Momenten einen Leuchtturm, der ihnen den Weg weist. Sie als Eltern können diese Aufgabe viel besser erfüllen, wenn Sie sich selbst in Ihrem Körper spüren und erleben. Durch die achtsame Verbindung, die Sie zu den Empfindungen und Gefühlen Ihres Körpers herstellen, werden Sie spontan zu jenem Sicherheit und Schutz spendenden Hafen, den Ihr Kind für seine Entwicklung benötigt.

Eltern benötigen ein »inneres Kühlsystem« für ihre »heißen« Emotionen

Wenn Sie Ihr untröstlich weinendes Baby begleiten, werden Sie leicht in einen Strudel eigener aufschäumender Gefühle und Stresszustände hineingesogen. Das Baby ist in der Lage, Mutter oder Vater mit seinen Gefühlen der Aufregung anzustecken. Damit diese Ansteckungsreaktion nicht automatisch passiert, benötigen die Betroffenen einfache Hilfsmittel, um die aktivierten

Gefühls- und Körperzustände zu beruhigen. Im weiteren Verlauf werde ich Ihnen auch einige einfache Atem- und Wahrnehmungsübungen vorstellen, mit denen Sie innere Zustände großer Anspannung und Unruhe begleiten und verändern können.

Beziehungsintelligenz braucht einen Körper

Babys sind abhängige Wesen. Ihre gesunde Entwicklung hängt davon ab, ob Eltern ihre Signale und Botschaften in angemessener Weise entschlüsseln und beantworten können. Einen Säugling kann man nicht fragen, was er gerade benötigt. Sie müssen andere Wege finden, um sich in seine Welt- und Körpersprache »einzuloggen«. Meine These ist, dass Sie dann einen guten Kontakt zu Ihrem Baby finden, wenn Sie mit den Botschaften Ihres Körpers in Verbindung bleiben. Gelingt dies, gibt uns unser Körper in der Beziehung zu unseren Kindern ständig Hinweise, ob die Beziehungsangebote, die wir an unser Baby richten, »passend« und »stimmig« sind oder auch nicht.

Babyschreien braucht Bindungssicherheit

Das Babyschreien ist Teil einer universellen Weltsprache aller Säuglinge. Es sichert das Überleben des Kindes in seiner Umwelt. Über das Schreien der Babys erfahren Sie rechtzeitig, ob und wann wichtige Bedürfnisse Ihres Kindes aus dem Blick geraten sind und ob sie darauf warten, beantwortet zu werden. Damit Sie als Eltern Ihr Kind mit seinen Botschaften richtig hören und verstehen können, ist es hilfreich, dass Sie die unlustvollen Reaktionen Ihres Babys nicht in erster Linie als Kränkung verarbeiten. Sie haben es als Eltern leichter, die Gefühle Ihrer Kinder zu begleiten, wenn Sie mit Ihrem Körpererleben während der Schreiattacken in achtsamer und liebevoller Weise verbunden bleiben.

Babys erinnern sich an den Schmerz des frühen Bindungsverlustes

Die überwältigenden und nicht enden wollenden Schreiattacken eines Babys, die gemeinhin als exzessives Schreien beschrieben werden, sind Teil einer Körpererinnerung an verletzende und brüchige Beziehungserfahrungen. Diese können schon in der Zeit der Schwangerschaft und Geburt ihre Wurzeln haben. Ich möchte Sie an dieser Stelle bitten, diese Aussage nicht als eine elterliche Unfähigkeit Ihrerseits zu verstehen. Bindungsabbrüche geschehen aus sehr unterschiedlichen Gründen, die wir als Eltern nicht immer in der Hand haben. Häufig stellt sich heraus, dass nicht nur das Baby, sondern auch die Eltern die Verbindung verloren hatten. In jedem Fall steckt dahinter keinerlei böse Absicht, sondern ist unterschiedlichsten Umständen geschuldet.

Anders als Babyschreien, das auf mangelnde Bedürfnisbefriedigung in den Bereichen Schlafen, Nahrung und Bindung zurückzuführen ist, benötigen Babys bei Schreizuständen, die auf überwältigenden Stress beruhen, einen Raum, in dem sie mit ihren erlebten Verletzungen gehört und verstanden werden. Bereits eine veränderte Haltung Ihrerseits, liebe Eltern, in Bezug auf das Babyschreien schafft die fundamentale Voraussetzung für diesen Raum, in dem Ihr Baby dann in guter Verbindung mit Ihnen aus eigener Kraft wieder in seine Selbstregulation und Lebendigkeit zurückkehren kann.

Untröstliches Babyschreien braucht Erwachsene, die erwachsen sind

Damit Erwachsene als Eltern ihren Babys Halt und Sicherheit vermitteln können, müssen sie sich um die Selbstanteile ihrer eigenen verletzten »inneren« Babys kümmern. Ein Baby braucht Eltern, die nicht nach dem Prinzip »Augen zu und durch« verfahren. Vielmehr geht es darum, dass Sie als Eltern einen liebevollen und annehmenden Zugang zu den eigenen Gefühlen und verletzten Selbstanteilen entwickeln. Es geht darum, dass Sie lernen, das »innere« Baby in sich selbst in Obhut zu nehmen und angemessen zu versorgen. Dann wird es viel leichter für Sie, Ihr Baby auch in emotional herausfordernden Momenten gut zu unterstützen.

Teil I
Grundlagen des Babyschreiens

3 Schreien – Die Weltsprache der Babys

Warum weinen Säuglinge? Und auf welche Weise schreien sie? Schon der englische Wissenschaftler Charles Darwin beschäftigte sich im 19. Jahrhundert intensiv mit dieser Frage (Darwin, 2012). Er beschreibt das Schreien der Babys als Teil einer umfassenden Ausdruckssprache, die den menschlichen Säugling befähigen, seine Bedürfnisse und inneren Befindlichkeiten der Umwelt mitzuteilen:

> »Wenn kleine Kinder selbst geringen Schmerz erdulden, mäßigen Hunger oder Kummer leiden, so werden heftige Schreie ausgestoßen. Während sie in dieser Weise schreien, werden die Augen fest geschlossen, so dass die Haut rings um sie gefaltet und die Stirn zu einem Runzeln zusammengezogen ist. Der Mund ist weit geöffnet und die Lippen sind in einer eigentümlichen Art und Weise zurückgezogen, was dem Mund eine viereckige Form gibt.«

So gibt der berühmte Forscher das Schreiverhalten der Babys präzise wieder.

Warum sind für Babys diese Schreie überhaupt nötig? Jeder Erwachsene, der es erlebt hat, weiß, dass es anstrengend ist und in manchen, nicht enden wollenden Fällen die Nerven aufreiben kann. Was ist also aus Sicht des Kindes gut daran zu schreien?

Zunächst kann man sagen, dass jedes Baby schreit. Das Schreien ist Teil einer umfassenden Weltsprache aller Menschenkinder. Überall auf unserem Planeten – egal, ob in Deutschland, in den Urwäldern Brasiliens oder am Nordpol bei den Inuit – schreien Säuglinge in der gleichen Art und Weise. Wenn ihr Baby schreit, ist es somit in bunter Gesellschaft.

Schreien ist Teil einer sehr umfassenden Ausdruckssprache, mit denen Babys ihre Körperzustände, Bedürfnisse und Emotionen der Umwelt mitteilen. Tatsächlich ist das Repertoire, um sich mitzuteilen, zu Beginn eines Menschenlebens noch sehr beschränkt. Was kann ein Neugeborenes tun, um seine inneren Zustände und sein Erleben seiner Umwelt zu präsentieren? Es hat genau drei Möglichkeiten: Es kann anhand von Gesichtsmimik ausdrücken, was ihm missfällt. So zeigen neugeborene Kinder von Beginn an den Ausdruck von Ekel und Unlust, wenn sie Saures angeboten bekommen. Sie ziehen dabei alle Gesichtsmuskeln zusammen, um zu sagen, dass ihnen das nicht behagt.

Zweitens können sie unter Hinzunahme von Bewegungen zum Ausdruck bringen, dass sie von etwas nicht begeistert sind. Hungrige Babys, die zu lange auf ihre Nahrung warten müssen, werden schnell ungeduldig und gereizt. Dabei äußern sie ihren Frust besonders durch heftiges Strampeln ihrer Arme und Beine.

Der dritte Aspekt der Babykörpersprache ist das Schreien. Sowohl beim Quengeln – was eine Vorstufe des Schreiens ist – als auch beim Schreien nutzt das Baby seinen Stimmapparat. Die Schreie sind Teil eines komplexen Signalsystems. Über die Schreie erzählt das Baby etwas über seine innere Verfassung, seine Gefühle und vor allem darüber, was ihm fehlt. Schreie enthalten somit immer eine Botschaft, eine Mitteilung. Man könnte auch sagen, das Schreien transportiert eine Information. Sie ist im Schreien der Babys enthalten. Sie als Eltern stehen dann vor der Aufgabe, die nonverbalen Botschaften Ihres Kindes zu entschlüsseln und in hinreichender Weise zu beantworten.

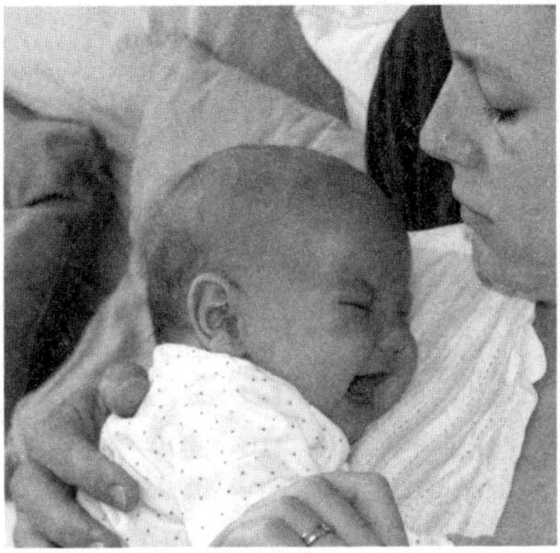

Abb. 1: Babyschreien ist ein Bestandteil einer universellen Ausdruckssprache

Doch genau hier beginnt das Problem vieler Eltern, die oftmals hilf- und ratlos vor ihren Babys sitzen und mit seiner Körpersprache gar nichts anzufangen wissen. Tatsächlich geht es den betroffenen Eltern ganz ähnlich wie einem im 19. Jahrhundert lebenden Postbeamten, der nicht in der Lage ist, das Morsealphabet eines Telegramms zu entschlüsseln. Ihm sagen die Abfolgen von hörbaren kurzen und langen Tönen nichts. Da er die Morsesprache nicht erlernt hat, sind die Töne für ihn ohne Bedeutung. Die Tonfolgen erscheinen ihm willkürlich und sinnlos. Ähnlich mag es Ihnen gehen, wenn Sie vor Ihrem Baby stehen und sein Schreien nicht deuten können.

Hier ein kleines Praxisbeispiel:

> Ein vier Wochen altes Baby schreit, weil es seit mehreren Stunden mit der Mutter auf großer Einkaufstour unterwegs ist. Nach zweieinhalb Stunden im Tragesack ist seine Toleranz erschöpft und es versucht, mit hektischen Bewegungen seiner Arme und Beine darauf aufmerksam zu machen, dass es nun reicht. Doch der Einkaufszettel der Mutter ist noch nicht abgearbeitet. Sie ist derartig von ihrer Idee eingenommen, die To-Do-Liste zu erledigen, dass sie die körperlichen Zeichen ihres Babys übersieht. Nach einer weiteren Stunde ist das Baby außer sich, es beginnt immer heftiger zu schreien.

> Könnte das Baby sprechen, würde es wohl sagen: »Mama, was soll der Mist hier! Ich kann nicht mehr. Du bist so gestresst, dass du vergisst, dass es mich auch noch gibt. Jetzt lass mal gut sein, setze dich endlich hin, halte mich in deinen Armen und wende dich mir ganz zu. Ich brauche deine Nähe.«

Das Baby teilt durch sein Schreien mit, dass seine Bindungsbedürfnisse, also sein Wunsch nach Nähe und Geborgenheit, unzureichend erfüllt sind. Obwohl die Mutter körperlich anwesend ist, vermittelt der Körperkontakt – aufgrund ihrer akuten Anspannung – keine hinreichende Sättigung des Nähebedürfnisses ihres Babys. Das beginnende Babyschreien ist vor allem ein Signal der Störung. Es ist ein Hinweis an die Mutter, dass es jetzt an der Zeit ist, die Nähe und den emotionalen »Draht« zum Kind wiederaufzubauen. In diesem Fall bedeutet es: innehalten, Halt und Nähe spenden und einfach mal nichts tun.

In der modernen Säuglingsforschung konnte nachgewiesen werden, dass Eltern relativ schnell lernen, ob das Babyschreien jetzt gerade auf Hunger, Müdigkeit oder Schmerz hindeutet. Insofern ist es Unsinn von nur einer Schreiart des Babys zu sprechen. Jedes Schreien ist anders und enthält Hinweise auf die jeweilige emotionale Befindlichkeit des Kindes. In einem Fall bedeuten die Babyschreie: »Ich will mehr Nähe!«; und in anderen Fällen heißt es: »Ich habe Hunger und möchte deine Brust!« Zu anderen Zeiten wiederum teilt das Kind über sein Schreien mit: »Mir ist es hier zu langweilig!«

Diese Botschaften des Schreiens zu erfassen bereitet vielen Eltern Kopfzerbrechen. Vor allem dann, wenn das Schreien über Stunden hinweg andauert und kein Ende nimmt. Ich werde in diesem Buch noch viel darüber sprechen, was Eltern tun können, um sich in eine bessere Verfassung zu bringen, die das Verstehen der kindlichen Nachrichten erleichtert. Eines kann jedoch vorweggenommen werden: Nachdenken und angestrengtes Grübeln sind so ziemlich die schlechtesten Berater, um zu begreifen, was das Baby mitteilen möchte. Aber dazu später mehr.

4 Babyschreien und Bindung

Während des Schreiens braucht Ihr Baby die sichere Beziehung zu einem nahen Menschen. Tatsächlich können wir das Wesen des Babyweinens nur begreifen, wenn wir es in Zusammenhang mit der umfassenden Bindungsnatur des Babys betrachten. Menschliche Säuglinge hungern nach Nähe und Geborgenheit. Bindung ist so wichtig wie die Luft zum Atmen und regelmäßige Nahrung. Die Vorstellung eines Babys ohne seine Eltern (oder andere Personen), die es pflegen und versorgen, ist abstrakt. Säuglinge sind abhängige und soziale Wesen. Sie sind nur wenige Tage überlebensfähig, wenn sich kein Mensch um sie kümmert. Eine stabile Bindungsbeziehung ist eine Art Lebensversicherung für ein Menschenbaby. Das hat die moderne Säuglings- und Bindungsforschung in den vergangenen 40 Jahren eindrücklich bewiesen (Gerhardt, 2006; Dornes, 2001).

Wir leben in einer modernen und überaus schnelllebigen Welt. Aber wir machen uns nicht genügend klar, dass menschliche Säuglinge extrem konservative Wesen sind. Es gibt keine »modernen« Babys. Sie ticken nach den gleichen Gesetzmäßigkeiten, wie es bereits Menschenkinder vor 100.000 Jahren taten. Trotz des ungeheuren Zuwachses an Wissen, trotz der modernen Informationstechnologie, die riesige Datenmengen in Millisekunden einmal um den Globus bewegt, sind die Grundbedürfnisse eines Babys unverändert geblieben (Henzinger, 2017; Medicus, 2017).

Ihr Baby braucht heute genau das, was auch kleine Menschen in den Kulturen der Steinzeit erfahren wollten. Das Kind aus der Frühgeschichte des Menschen benötigt wie auch Ihr heutiges Baby einen erwachsenen Begleiter, der verlässlich ist, der reagiert, sobald man ihn ruft – einen Menschen, der in Reichweite ist, sodass man ihn sehen, hören und riechen kann. Babys wollen Eltern, die sich wohl fühlen und entspannen können. Und sie wollen Bindungspartner, die auf ihre Signale und Bedürfnisse spontan reagieren. Sie sollen schnell kommen, direkt antworten und trotzdem nicht die Fassung verlieren. Nicht zuletzt wollen sie Begleiter, die selbst Teil einer größeren Gruppe sind und Freude mit anderen Menschen haben.

Gerade weil das Menschenbaby auf Gedeih und Verderb auf einen Erwachsenen angewiesen ist, der sich um sein Wohlergehen kümmert, sind Babys wahre Meister darin, schnell herauszufinden, wie es um die Qualität der Beziehung zu diesem wichtigen Bindungspartner bestellt ist. Ein Baby, dass längere Zeit regungslos auf dem Boden liegt, keine Stimmen mehr hört und keinen wärmenden Körperkontakt erfährt, merkt früher oder später, dass etwas nicht stimmt. Stille ist ein unbekannter Zustand für Babys. Sie erwarten Bewegung, Stimulation und Ansprache. Die evolutionären Erwartungen des Babys sind, dass eine Pflegeperson in unmittelbarer Körpernähe ist. Trennung ist im evolutionären Programm nicht vorgesehen, zumindest nicht als dauerhaftes Angebot. Längere Trennung, Stille und Bewegungslosigkeit sind für Babys ein Hinweis auf Gefahr, ebenso Aufregung, Spannung und Hektik. Während Stille heißen könnte, dass die wichtigsten Menschen entweder gestorben sind oder sie vergessen haben, sind Aufregung und hohe Körperspannung ein Zeichen für Not oder Bedrohung. Das Baby ist ein Detektor für die Stimmungen jener Menschen, die für sein Wohlergehen sorgen sollen.

Spürt das Baby, dass die Nähe zum Bindungspartner verloren geht, mobilisiert es all seine Kräfte, um seiner Umwelt mitzuteilen, dass es sich unwohl fühlt und etwas nicht stimmt. Es spielt aus Sicht des Kindes vorerst keine Rolle, ob es sich um eine längere Trennung handelt oder um akuten Stress aufgrund von Überlastung, der die Kontaktbereitschaft schwächt. Für ein Baby ist jeder Beziehungsverlust ab einer bestimmten Dauer existenziell.

Schreien ist ein Notprogramm, mit dem das Baby auf einen Beziehungsnotstand aufmerksam macht. Es rüttelt seine Umwelt auf. Es möchte, dass die Menschen anfangen, sich zu kümmern, es auf den Arm nehmen, sich ihm zuwenden und letztlich die Quelle des Weinens entfernen. Babyschreien aus Bindungssicht bedeutet: »Ich brauche deine Zuwendung und Nähe. Ich bin mir nicht sicher, ob du noch da bist. Deshalb nimm mich auf den Arm, damit ich dich spüren kann!« Im besten Fall bewirkt das Schreien des Säuglings, dass Eltern und Kind gestärkt aus der Störung hervorgehen.

Babyschreien hat die Funktion, die wichtigsten Begleiter aufzurütteln, sie wach zu machen und ihre Aufmerksamkeit auf das Baby zu lenken. Es bewirkt, dass Eltern und ihre Babys wieder enger zusammenrücken, dass ihr gemeinsames Band sich festigt, das zuvor vielleicht zu locker gebunden war.

Dank der heutigen Bindungsforschung wissen wir, dass Babys ganz bestimmte Antworten der Eltern auf ihre Warnsignale benötigen, um das Gefühl zu haben, sicher zu sein. Eine erste wichtige Voraussetzung ist, dass die Antwort der Begleiter schnell und unvermittelt kommt. Ein verzweifeltes weinendes Baby hat kein Verständnis dafür, wenn die Mutter zuerst noch die Wäsche aufhängen geht oder ihre E-Mails zu Ende beantwortet. Babys erwarten schnelle Antworten. Ihre Erwartung an ihre wichtigsten Beziehungspartner lautet: »Ich schreie und du teilst mir bitte mit, dass du da bist!«

Zweitens müssen die Antworten der Eltern dem Entwicklungsstand des Babys angemessen sein. Ein zwei Wochen alter Säugling kann mit einem Teddy, den der Vater dem Kind an den Körper legt, nichts anfangen. Es braucht vielmehr seinen direkten Körperkontakt sowie beruhigende und Trost spendende Worte. Unangemessene Angebote erhöhen beim Säugling eher noch den Stress und die Aufregung.

Wie ich in den nächsten Kapiteln noch zeigen werde, müssen Sie als Eltern selbst in einem Zustand sein, in dem Sie ihren Körper spüren, um Sicherheit zu vermitteln. Wenn Sie vor lauter Aufregung den Kontakt zu sich selbst und ihrem Körper verlieren, wird auch die prompte Beantwortung der kindlichen Körpersignale nicht ausreichen, Ihr aufgeregtes Baby zu beruhigen.

Die Qualität der Kontakt- und Beziehungsfähigkeit der Eltern ist also von wichtiger Bedeutung. Eltern, die in ihrer Biografie wenig bis gar nicht gehalten wurden und von ihren eigenen Eltern oft Ablehnung, Ambivalenz oder überwältigenden Stress erfahren haben, werden die Säuglingsschreie anders beantworten als Eltern, die in ihrer Kindheit immer einen verfügbaren, kontaktbereiten und wärmenden Menschen an ihrer Seite hatten. Sichere wie auch unsichere Bindungserfahrungen der frühen Säuglingszeit bilden die Grundausstattung, die wir in unser späteres Elternsein mitnehmen. Sie sind Teil eines umfassenden Körpergedächtnisses, das sich an diese Erfahrungen erinnert, sobald unser erstes Baby in unseren Armen liegt. Diese sogenannten Bindungsmuster wirken häufig unwillkürlich und unbewusst.

Ein Beispiel:

> Der fünf Wochen alte Benedikt schreit. Es passiert während einer Beratungssitzung in der Schreiambulanz, zu der er und sein Vater, der 30-jährige Jan, gekommen sind. Der junge Vater reagiert verzögert auf das stärker werdende Schreien. Ich bin mir nicht sicher, ob er das Baby überhaupt hört. Er verhält sich so, als gebe es die Schreie des Kindes nicht. Die Situation ist irritierend. Das Baby liegt auf dem Boden und der Vater sitzt eineinhalb Meter entfernt von seinem Kind. Er unterhält sich mit mir und berichtet über den Stress in den ersten Wochen im Umgang mit seinem Sohn, der bereits so heftig schreit, dass die Lautstärke ohrenbetäubend ist. Nach einer gefühlten Ewigkeit – der Vater hat dabei ein ständiges Lächeln im Gesicht – rutscht er näher zum Kind und nimmt es auf den Arm. Als wir später über diese Episode sprechen, ist er erstaunt zu hören, dass es mir wie eine Ewigkeit vorgekommen sei, bis er den Sohn auf den Arm genommen habe. Für ihn sei es normal, immer erst ein wenig zu warten, bevor er reagiere, weil er nicht wolle, dass Benedikt bestimme, wann er zu kommen habe.

5 Babyschreien und Körperrhythmen

Jedes Schreien eines Babys folgt einem eigenen inneren Körperrhythmus. Es ist wie das Anfluten einer Welle im Meer. Sie wächst langsam an, türmt sich auf, hat ihren Höhepunkt, um dann zu brechen und am Ufer sanft abzuklingen.

Jedes lösende Babyweinen hat einen derartigen Verlauf: Erregungsanstieg, Höhepunkt und Auflösung der Spannung. Das Weinen entsteht, wenn die seelische und körperliche Balance des Säuglings gestört ist. Die unlustvollen Empfindungen, die Ihr Baby erlebt, wenn eines seiner Grundbedürfnisse nicht befriedigt ist, äußern sich körperlich in zunehmender Erregung und Körperspannung. Wir sehen dies deutlich bei einem Baby, dem bei einer ärztlichen Untersuchung Blut entnommen wird. In dem Moment, in dem es den Stich der Lanzette verspürt, zuckt es zusammen, schneidet eine Grimasse, versteift die Beine und verkrampft seine Hände. Für einen Augenblick hält es den Atem an, um im nächsten heftige Schreie auszustoßen.

Das Baby empfindet Schmerz und Unlust, während es gestochen wird. Die Anspannung seines Körpers und die Zunahme der Erregung sind Teil einer Stress- und Alarmreaktion. Aus Sicht des Babys greift jemand in die Integrität seines Körpers ein. Sein Nervensystem wertet dies als Gefahr und mobilisiert alle Kräfte des Körpers, um die missliche Lage zu verändern.

Schreien, Unlusterleben, Körperspannung und Erregungsanstieg bilden eine untrennbare Einheit und stellen verschiedene Aspekte eines Notprogramms dar. Eine wichtige Aufgabe dieses Stress- und Alarmsystems ist es, die Bindungspersonen aufzurütteln und dazu zu bringen, die Situation des Kindes zu verbessern. Das Schreien dient der Wiederauflösung angesammelter Spannungen und Erregungen im Körper. Man könnte auch sagen, dass die Ausdrucksbewegung des Schreiens hilft, das Gleichgewicht der kindlichen Lebenskräfte wiederherzustellen.

Wird das Baby nach der skizzierten Blutentnahme von der Mutter tröstend im Arm gehalten, kann das Baby seine Körperspannung und den produzierten Stress wieder auflösen. Ist die Unlustquelle beseitigt (der Doktor sticht das Baby nicht erneut) und die Mutter als Sicherheitshafen in der Nähe, fährt das Kind seinen Erregungshaushalt schnell wieder herunter. Es entspannt, wird ruhig und womöglich schläft es nach der Aufregung in den Armen der Mutter ein. Das erfolgreiche Babyschreien bedeutet demnach die Wiederherstellung der inneren Balance. Würden wir es in einer Grafik darstellen, sehe die Erregungskurve des regulierenden Schreiens so aus:

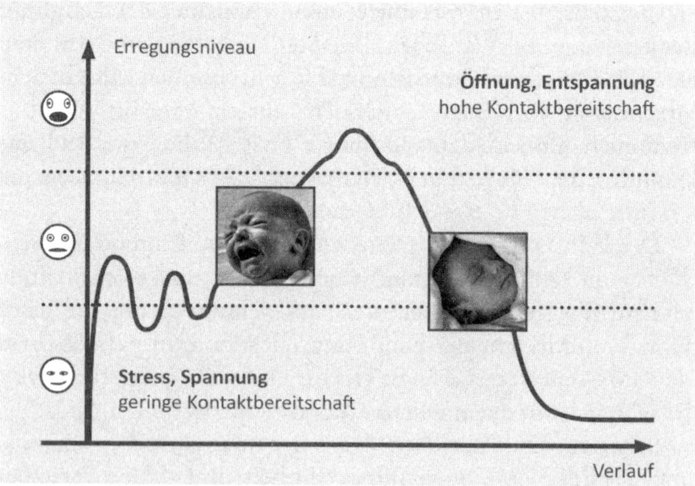

Abb. 2: Typischer Verlauf eines stresslösenden Babyschreiens (eigene Darstellung)

Selbstregulation durch lösendes Babyweinen

Sicher haben Sie das auch schon mal erlebt: Ein Gefühl, das sich in Ihnen angestaut hat, wird für Sie im Alltag zu einer anhaltenden Belastung, und plötzlich haben Sie das Gefühl, alles wachse Ihnen über den Kopf. Möglicherweise beginnt Ihr Körper zu beben und zu zittern und ein intensives Schluchzen erfasst Sie. Es gleicht ein bisschen der Entladung eines reinigenden Gewitters an einem schwülen Sommertag. Nachdem das Schluchzen verebbt ist, fühlen Sie sich erleichtert, manchmal sogar wie neugeboren. So schwierig sich dieser Gefühlsausdruck auch in dem Moment, in dem er auftritt, anfühlt, das Erleben hinterher ist himmlisch.

Weint Ihr Baby bitterlich in Ihren Armen, ist es ähnlich. Auch hier hilft der Akt des Schreiens Ihrem Baby seine angestaute Spannung im Körper wieder aufzulösen und in ein Gleichgewicht zurückzuführen. Ich möchte an dieser Stelle jedoch betonen, dass die lösende und heilende Kraft der Babytränen nicht in jedem Fall entsteht. Das Baby benötigt einen stabilen und feinfühligen Begleiter, damit das Schreien seine befreiende Wirkung entfaltet. Das Kind benötigt ein Haltegefäß – wir sprechen in der Fachsprache auch von einem Container – für seine starken Gefühle. Konkret heißt dies, dass die Mutter oder der Vater in der Lage sein muss, dem oft heftigen Weinprozess des Kindes standhalten zu können.

Kehrt Ihr Baby nach einem intensiven Weinzyklus in einen offenen und gelösten Zustand zurück, spricht sein Körper oft eine deutliche Sprache: So liegt es nach dem verebbten Ausdruck seiner Gefühle ganz entspannt und unverkrampft auf der Brust oder im Arm der Eltern. Es erinnert ein wenig an eine Katze, die es sich gelassen auf dem Körper ihres Herrchens bequem gemacht hat.

Viele Eltern beschreiben ihr Baby nach dem Weinprozess als weicher, nachgiebiger und wärmer. Während die quengelnden und gestressten Kinder oft den Blickkontakt verweigern, werden

Sie nach einem öffnenden Weinprozess beobachten können, dass Ihr Baby nun aktiv den Blickkontakt wieder mit Ihnen aufnimmt und auch länger hält als zuvor. Viele Babys liegen nach einem Schreiprozess still und andächtig in den Armen ihrer Eltern, die Augen sind ganz geöffnet, wachsam und möchten Neues aufnehmen. Diese Augenblicke haben einen besonderen Zauber, weil sie derartig unter die Haut gehen und uns innerlich berühren.

Auch die Atmung verändert sich nach dem begleiteten Babyweinen ganz erheblich. Hatten die gestressten Babys zuvor oft eine verhaltene und verflachte Atmung, fließt der Atem nach dem Weinzyklus oft wieder gleichmäßig, frei und ungehindert durch den gesamten Organismus. Entspannte Babys werden von Kopf bis Fuß von ihrem Atem durchströmt.

Hier ein Beispiel für die lösende Wirkung des Babyweinens:

> Jonas ist drei Monate alt und seine Eltern bereiten sich seit Tagen auf die am Wochenende geplante Taufe ihres ersten Kindes vor. Besonders der Mutter, Sofie, ist es wichtig, dass alles generalstabsmäßig geplant und vorbereitet ist. Die Anspannung in den letzten Tagen vor dem Fest, zu dem viele Gäste eingeladen wurden, wird für die Mutter immer unerträglicher. Ihr gelingt es nicht mehr, ihre Gedanken unter Kontrolle zu bringen und sich zu beruhigen. Von morgens bis spät abends ist sie mit Besorgungen, Telefonaten und Vorbereitungen aller Art beschäftigt. Jonas erhält in dieser Zeit nur noch wenig Aufmerksamkeit. Stillt Sofie den Jungen sonst ausgiebig und lustvoll, hält sie die Stillphasen mit Jonas jetzt sehr kurz. Sie ist nicht richtig bei der Sache, weil ihr ständig Neues einfällt, was sie noch erledigen müsse.
>
> Am Samstag, dem Tag vor der Taufe, wird Jonas zunehmend unruhiger und unausgeglichener. Er quengelt jetzt dauernd, sodass die Mutter ihn in jeder Minute im Tragesack trägt. Es ist die einzige Möglichkeit, um weiterhin alles erledigen zu können und ihn halbwegs bei Laune zu halten. Am Tag der Feier wacht Jonas bereits quengelnd und unzufrieden auf. Die Mutter hat Sorge, er könne krank wer-

den. Jonas fordert massiv Körperkontakt ein und das Stillen zieht sich in die Länge. Sofie wird immer genervter und ungehaltener, da sie sich noch für die Kirche einkleiden und fertigmachen muss.

Vormittags gegen 10 Uhr ist sonst die Schlafenszeit von Jonas, eigentlich kann man die Uhr danach stellen, aber diesmal bleibt er wach. Er denkt gar nicht daran, die Augen zu schließen. Seine Unzufriedenheit, mit der schon der Tag begann, steigert sich nun zu einem jammernden Weinen. Die ersten Gäste klingeln. Die Mutter ist komplett zerrissen: Einerseits spürt sie, dass sie sich mit Jonas zurückziehen müsste, um ihm etwas Zeit und Nähe zu widmen, andererseits hat sie sich so sehr auf die vielen Gäste gefreut. Es hätte ein perfekter Tag werden können! Aber Sofie kann, wenn sie in die Augen ihres Sohnes blickt, erkennen, dass er jetzt etwas anderes von ihr braucht. Also fasst sie sich ein Herz, entschuldigt sich bei den Gästen und zieht sich mit ihrem Baby ins Schlafzimmer der Eltern zurück. Kaum hat sie sich auf die Bettkante gesetzt, beginnt Jonas haltlos zu schreien. Die Schreie sind schrill und atemberaubend laut. Die Mutter nimmt ihn spontan fest in ihre Arme, sie wiegt ihn sanft hin und her. Jonas öffnet während der Weinsequenz immer wieder die Augen und blickt Sofie an. Es ist ein wütendes Schreien, ein lauter Protest, warum sich die Mama ihm nicht früher zugewandt habe. All die Spannung und Frustration der vergangenen Tage, die sich aufgestaut hat, bricht nun aus dem Jungen heraus. Die Schreie sind anfänglich explosiv und schrill, der Körper wirkt zum Bersten gespannt. Diese Art des Weinens hat die Mutter bisher selten gehört und es berührt sie tief, wie ihr Kind sich hier mitteilt. Sie fühlt sich aufgerüttelt von seinen Schreien. Plötzlich kann sie sehen (und hören), was ihr Sohn Jonas in den Tagen zuvor hat ein- und zurückstecken müssen, wie wenig sie mit der Aufmerksamkeit bei ihm gewesen ist. Gewusst hat sie es die ganze Zeit, aber nun spürt sie es mit jeder Faser ihres Körpers. In ihr steigt ein tiefes Mitgefühl und Verständnis für die Belange ihres Kindes auf. Es ist ein Prozess ohne Worte. Die Schreie sind jetzt nicht mehr nervig, sie berühren sie im tiefsten Innern. Jonas schreit jetzt weicher, welliger als zuvor, sein Ausdruck bekommt etwas Anmutiges. Sie hält ihr Kind immer noch fest in den Armen und fühlt sich ihm ganz nah und verbunden. Ein Gefühl der Dankbarkeit durchströmt ihren Körper. Es ist ein bisschen so, als habe sie ihn wiedergefunden.

Dieses Beispiel zeigt, dass Babyschreien keinem Selbstzweck dient, sondern dem Baby dabei hilft, das Verhalten, Fühlen und Denken seiner Begleiter so zu verändern, dass es in einen entspannten und geborgenen Zustand zurückfinden kann. Die Not von Jonas bestand darin, dass seine Bedürfnisse nach Nähe und Kontakt unzureichend beantwortet wurden. Der Bogen seiner Anpassungsfähigkeit wurde überspannt. Die gestresste, von ihren Festtagsplänen vereinnahmte Mutter konnte sich nicht mehr hinreichend auf die Nähebedürfnisse ihres Kindes einstellen. Das Schreien von Jonas spiegelte seine aktuelle Bindungssituation. Andererseits war das Weinen auch Teil einer selbstwirksamen Handlung des Babys, denn es rüttelte seine Mutter wach und bewirkte, dass sie ihr Verhalten korrigierte und veränderte.

Physiologische Basis der Bindungssicherheit

Ob ein Baby eine Situation als »sicher« oder »gefährlich« einschätzt, ist ein unwillkürlicher Prozess, denn bestimmte Teile seines Nervenapparates nehmen ihm diese Aufgabe der Umweltbewertung ab. Es handelt sich hierbei um das autonome Nervensystem. Dieser Teil unseres Gesamtnervensystems steuert all unsere Körperfunktionen, über die wir in der Regel nicht nachdenken. Egal, ob wir unsere Atmung, unseren Herzschlag, unsere Verdauung oder Wärmeregulation betrachten – solange sie funktionieren, beschäftigen wir uns mit großer Wahrscheinlichkeit nicht näher mit diesen Körperfunktionen. Es sind einfach Programme, die im Hintergrund ablaufen und denen wir uns erst gewahr werden, sobald irgendetwas nicht mehr stimmt, zum Beispiel, wenn wir zu wenig Luft bekommen, weil wir uns verschluckt haben, oder wenn unser Herz rast, weil uns ein Schrecken in die Glieder gefahren ist. In diesen Situationen werden wir uns unserer vegetativen Funktionen bewusst (Porges, 2018).

Das autonome Nervensystem heißt deshalb autonom, weil es viele Dinge eigenständig, jenseits unserer bewussten Steuerung regelt. So ist es beispielsweise auch dieser entwicklungsgeschichtlich sehr alte Teil unseres Nervenapparates, der für die ständige Gefahreneinschätzung verantwortlich ist. Bin ich sicher oder muss ich aufpassen? Droht im nächsten Moment Gefahr, muss ich mich zur Flucht bereit machen oder kann ich Vertrauen fassen und mich entspannen? Da Menschen, anders als Krokodile und andere Reptilien, sehr soziale Wesen sind, die regelmäßige Nähe zu ihren Mitmenschen benötigen, ist es besonders wichtig, dass wir richtig einschätzen können, ob uns dieser Mensch, der sich gerade nähert, wohlgesonnen ist oder ob von dieser Person eventuell Gefahr ausgeht.

Für ein Baby ist es wichtig, zu überprüfen, ob es sich in sicheren Händen befindet. Sie sind tatsächlich Weltmeister darin, herauszufinden, in welcher Verfassung Sie sich gerade als Mutter und Vater befinden. Aus Sicht des Kindes ist diese Fähigkeit seine Lebensversicherung.

Die neuere Gehirnforschung hat uns in den letzten zwei Jahrzehnten sehr viel Erkenntnisse darüber geliefert, was im Körper eines Babys passiert, je nachdem, ob es sich geborgen, bedroht oder überwältigt fühlt. Das autonome Nervensystem wird dabei als ein dreigeteiltes System verstanden. Bildlich dargestellt kann man es sich als komplexe Struktur vorstellen, die sich in drei Äste verzweigt, die für die unterschiedlichen Erlebenszustände der Sicherheit, Gefahr und Lebensbedrohung zuständig sind (Abb. 3) (ebd.).

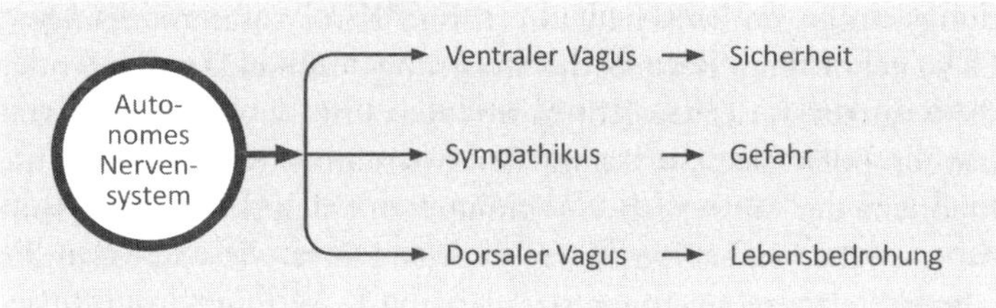

Abb. 3: Drei Zweige des autonomen Nervensystems (Darstellung n. Porges, 2010; Harms, 2017b)

Wenn ein Baby in den Armen seiner entspannten Mutter liegt, die ganz zufrieden ist und in sich ruht, dann wird im autonomen Nervensystem des Babys der Zweig aktiviert, der für Entspannung und Regeneration zuständig ist. Das Baby erlebt die ruhige und regelmäßige Atmung, die warme und weiche Stimme der Mutter, den Glanz in ihren Augen und den nachgiebigen Tonus der Muskulatur als Zeichen der Sicherheit. Das Gehirn des Babys wertet die verschiedenen Verhaltens- und Körpersignale in kürzester Zeit aus und stellt sich auf Sicherheit oder Unsicherheit ein. Wenn sein Gegenüber lebendig und feinfühlig antwortet, wenn es lächelt und die Mimik entspannt ist, dann steht die »Ampel des Lebendigen« auf Grün.

Dieser Sicherheits- und Entspannungsast im autonomen Nervensystem sorgt für zweierlei Dinge: Zunächst einmal bewirkt dieser Zweig, dass das Baby sich entspannen und loslassen kann. Das gesättigte und zufrieden dösende Kind auf dem Bauch der Mutter nach dem Stillen oder Füttern wäre dafür ein Beispiel. Die Aufmerksamkeit des Babys kann sich nach innen richten. Es muss nicht aufpassen. Es kann seine Antennen einfahren und sich ganz seiner notwendigen Erholung und Regeneration widmen.

Eine weitere Aufgabe dieses »sozialen« Nervensystems – der Fachterminus für diesen Teil des autonomen Nervensystems lautet »ventraler Vagus« – besteht darin, dass es im Zustand von Sicherheit viele Organe versorgt, die unmittelbar mit den Bindungsvorgängen zwischen Eltern und Kind zusammenhängen. Dazu gehört zum Beispiel die Steuerung des Blickkontaktes oder die Regulation der Gesichtsmimik, das Entspannen der Stimmbänder oder die Anpassung der Mittelohrmuskulatur an die Frequenz der mütterlichen Stimme. Fühlt sich Ihr Baby im Bindungserleben sicher, passieren all diese Dinge wie von selbst: Es schaut Sie an, seine Augen strahlen, der Kopf folgt Ihren Bewegungen, es gurrt mit seiner Stimme oder zeigt Ihnen ein Lächeln, das Ihr Herz erweicht. Wenn die Bindungsampel auf Grün steht, gibt es wenig Grund für Protest und Meckerei. Das Baby ist mit dem, wie es ist, zufrieden. Mal sucht es die Nähe zu Ihnen, mal ist es ganz bei sich und ruht in seinem Körper. Die sichere Verbindung zu Ihnen macht beides möglich.

Was passiert jedoch, wenn ein Baby mit einem erwachsenen Begleiter zu tun hat, der aufgrund der Alltagsanforderungen sehr gestresst und von diesen eingenommen ist. In dem geschilderten Fall von dem kleinen Jonas waren die Eltern nicht mehr verfügbar und präsent, weil sie all ihre Kräfte für die Vorbereitung eines Familienfestes einsetzten. Für das betroffene Baby hatte der akute elterliche Stress zur Folge, dass es seine wichtigsten Bezugspersonen aufgrund ihrer akuten Belastung nicht mehr als so tragend und verlässlich erlebte, wie es in sonst entspannten Augenblicken der Fall war.

In dem Moment, in dem sich das Baby nicht mehr sicher und aufgehoben fühlt, wird der Ast des autonomen Nervensystems aktiviert, der für Stress und Alarm zuständig ist. Diesen Teil nennen wir das sympathische Nervensystem oder kurz Sympathikus. Er tritt immer dann in den Vordergrund, wenn wir uns bedroht, unsicher und unwohl fühlen. Dieser Zweig löst beim erwachsenen Menschen eine Kampf- oder Fluchtreaktion aus, um eine herausfordernde Situation zu bewältigen.

Werde ich in einem Fußballstadion von einem betrunkenen Fan der gegnerischen Mannschaft angerempelt und beschimpft, so mache ich entweder spontan einen großen Bogen um diese Person und vergrößere damit die Distanz zur Gefahrenquelle oder ich werde sauer, beginne zu schimpfen und/oder bei anhaltender Bedrohung gar die Person körperlich wegzuschubsen. Die nötige Energie dafür stellt mir das sympathische Nervensystem zur Verfügung: Ich bin auf 180 und mein Puls rast mit 150 Schlägen pro Minute. Ich bin jetzt sehr erregt und meine Muskeln extrem gespannt.

Ein Baby, das sich in einer unsicheren Lebenslage befindet, kann weniger gezielt antworten, als dies bei einer erwachsenen Person im Stadion der Fall ist. Es kann weder wegrennen noch kämpfen, und doch braucht es Kanäle für die großen Energiemengen, die sein Sympathikus ihm zur Verfügung stellt. Neben den hektisch aufgeregten Bewegungen, die uns Babys in gespannten und unsicheren Momenten zeigen, drückt es seinen Stress dann vor allem durch Quengeln und Weinen aus. Die Körperspannung, die Überstreckung, die Bewegungsunruhe oder auch die enorme Aufregung sind unterschiedliche Ausdrucksformen für seinen Stresszustand.

Befindet sich ein Baby in einer derartigen Verfassung, drückt es kräftig aufs Gaspedal. Der Motor fährt hoch und es setzt alle ihm zur Verfügung stehenden Mittel ein, um seine wichtigsten Beziehungspartner wachzurütteln und wieder in die Spur zu bringen.

Obwohl das Weinen in dieser Alarmphase schon ziemlich heftig sein kann, ist ein noch regulationsfähiges Baby in der Lage, den Kontakt weiterhin aufrechtzuerhalten. Es schreit und fleht sein Gegenüber an, erste Schritte einzuleiten, um seinen nicht aushaltbaren Zustand zu beheben. Handelt es sich um eine nasse Windel, mag das unproblematisch sein. Stellen Sie sich jetzt aber vor, Sie haben den Kopf voll mit all den Dingen, die Sie noch zu erledigen haben, dann ist es wahrscheinlich gar nicht so einfach, das, was Ihnen Ihr Baby sagen will, zu verstehen und zu hören, nämlich dass Ihre bloße Präsenz nicht ausreicht. In den Augen Ihres Babys sind Sie nicht genug bei der Sache. Das Schreien ist ein ruppiger Knuff in die Seite, der Ihnen zeigen soll, dass Sie vielleicht Ihren Kopf mal wieder frei machen sollten.

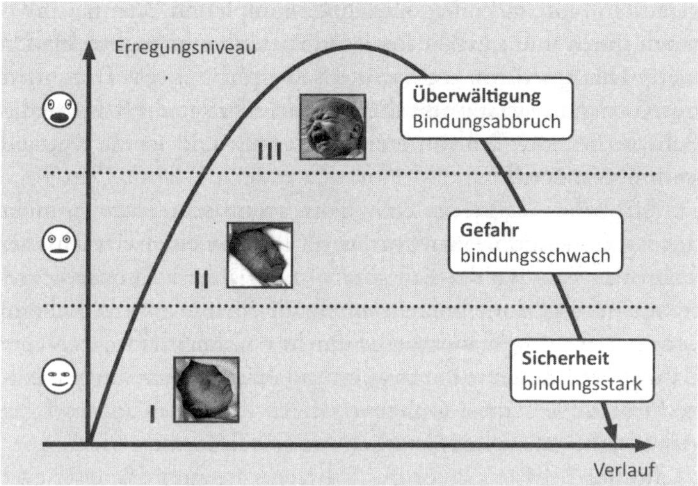

Abb. 4: Stufen des Babyweinens (eigene Darstellung n. Harms, 2017b)

Das bedürfnisbasierte Schreien ist somit eine physiologische Stressreaktion ihres Kindes. Die Bindungsampel ist in diesem Fall auf Gelb geschaltet und heißt für Sie: »Achtung, bitte aufpassen! Die Dinge laufen gerade aus dem Ruder. Bitte korrigiere deine Haltung, deine Denk- und Handlungsweisen. Für mich stimmen sie nicht. Sie fordern mich und ich bin jetzt an der Grenze meiner Toleranz angelangt.«

Die gute Nachricht ist, dass der Stress schnell nachlässt, sobald die Quelle der Unlust für Ihr Baby beseitigt ist. Manchmal kann es vielleicht nicht direkt in die Entspannung zurückkehren, auch wenn Sie erkannt haben, wo das Problem liegt. Dann durchläuft Ihr Baby möglicherweise eine kleine Weinphase, bevor es dann in Ihren Armen zur Ruhe kommen kann.

In Abbildung 4 können Sie erkennen, dass es auf der Belastungsskala für das Weinen und Belastungserleben des Kindes durchaus noch eine Steigerung geben kann. Findet die Aufregung während des bisherigen Schreiens keine Lösung und Entspannung, weil die Eltern vielleicht innerlich oder äußerlich selbst gerade in Not sind oder es zu einer kompletten Trennung zwischen ihnen und ihrem Baby kommt, dann gibt es kein Halten mehr. Der Eintritt in die nächste Schreiphase ist ein Durchtritt ins Niemandsland. Die Bindungsampel schaltet auf Rot und das Baby verliert den Boden unter seinen Füßen. Es ist ein Zustand größter Verzweiflung und Not, den es jetzt erfährt. Den Toleranzkorridor verlässt ein Baby dann, wenn sein Schreien nicht mehr gehört und beantwortet wird. Dies ist einerseits der Fall, wenn das Baby von seinen Eltern über längere Zeiträume getrennt ist, was manchmal aus medizinischen Gründen nicht zu verhindern ist, zum anderen geschieht es immer dann, wenn ein Baby spürt, dass seine Eltern aufgrund ihrer eigenen inneren Not nicht mehr verfügbar sind. Auch dies wird vom Kind trotz der Anwesenheit der Eltern letztlich wie eine Trennung erlebt.

In dieser dritten Phase des Schreiens schaltet das autonome Nervensystem auf die Stufe »Existenzbedrohung«. Den zuständigen Zweig des autonomen Nervensystems bezeichnen wir in der Fachsprache als »dorsalen Vagus«. Wenn dieses System auf den Plan tritt, geht es für das Kind um alles! Die Stressbelastung hat für das Baby ein bedrohliches Ausmaß angenommen. Könnte es sprechen würde es jetzt wohl sagen: »Zuviel ist zu viel! Ich kann nicht mehr! Hol mich hier raus!« In dieser Phase kann die Belastung so groß werden, dass das Schreien des Kindes bodenlos und unerträglich wird. Manchmal kann das Ohnmachtsgefühl sogar dazu führen, dass das Baby sich regelrecht »wegschreit«: Es verschließt die Augen und bricht zeitweilig auch den Kontakt zu seiner Umwelt ab. Mir ist es ein wichtiges Anliegen, Sie, liebe Eltern, mithilfe dieses Buches vor diesem überwältigenden Strudel zu schützen, damit Sie mit Ihrem Babys erst gar nicht in diesen hineingeraten.

In Kapitel 8 werde ich mich mit dieser extremen Form des Babyschreiens, die eine Folge früher Bindungsverletzungen sein kann, noch genauer beschäftigen. Doch zuvor möchte ich Ihnen einen Überblick geben, welche Typen des Babyschreiens wir überhaupt unterscheiden können.

6 Die drei Formen des Babyweinens

Wer das Schreien der Babys verstehen will, muss vorerst die verschiedenen Formen des Babyweinens unterscheiden. Die erste Form der Babytränen hängt mit einem Defizit von besonderen Bedürfnissen des Säuglings zusammen. Wir nennen es *Bedürfnisweinen.* Das Baby erzählt uns mit seinem Weinen etwas über die jeweiligen Bedürfnisse, die nicht hinreichend erfüllt sind. Dabei handelt es sich nicht nur um Nahrungs- und Schlafbedürfnisse, wovon die meisten Erwachsenen zu Beginn ihres Elternseins überzeugt sind, aber dazu gleich mehr. Typisch an dieser Form des Weinens ist, dass es direkt mit einem inneren oder äußeren Zustand in Zusammenhang steht: Das Baby ist müde, überreizt, es empfindet Schmerz – all diese Formen des Babyweinens sind direkt verbunden mit einem inneren Unlusterleben. Dem Baby ist nicht wohl, weil etwas nicht stimmt. Ein müdes Baby weint, um anzuzeigen, dass die Dauer seines Wachseins jetzt eine bestimmte Toleranzschwelle überschreitet. Sobald jedoch der auslösende Reiz des Weinens aufhört, beruhigt sich das Kind und es hört auf zu schreien. Das ist biologisch betrachtet vernünftig, denn Babyweinen ist ein Signal an die Umwelt, dass etwas nicht stimmt. Es ist ein Notsignal.

Anders verhält es sich bei der zweiten Form des Schreiens – dem *Erinnerungsweinen*[2] des Säuglings. Beim Erinnerungsschrei-

---

2 Der Terminus »memory crying« wurde von dem amerikanischen Pränatalpsychologen William Emerson (2012) eingeführt und von seinem Schüler Karlton Terry (2015) weiterentwickelt.

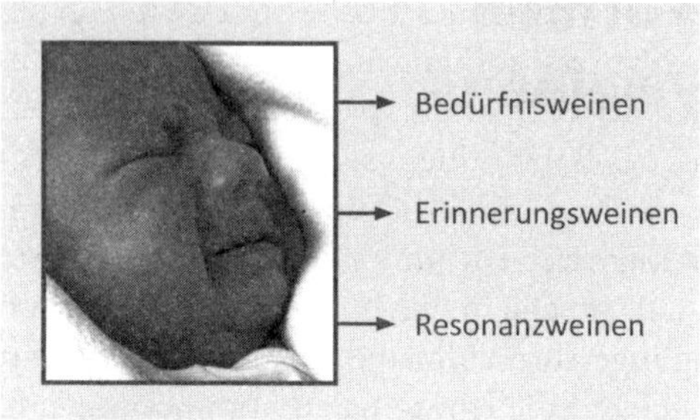

Abb. 5: Formen des Babyweinens

en gibt es keine direkte Verbindung zwischen Weinausdruck und inneren bzw. äußeren Ursachen. Säuglinge und Kleinkinder drücken mit dieser Art des Schreiens eine Erinnerung an frühere Bindungserfahrungen aus, in denen sie überwältigenden Stress und Schmerz erlebt haben. Die Formen dieser Überwältigung können ganz unterschiedlich sein: So kann eine abrupte Trennung nach der Geburt ebenso der Hintergrund sein wie eine überwältigende Geburtserfahrung oder ein invasiver Eingriff während der Schwangerschaft. Allen Erfahrungen ist gemein, dass die Toleranzgrenze des Un- oder Neugeborenen überschritten wurde. Dem Kind blieb keine andere Wahl, als mit innerem Rückzug auf die stressreiche Erfahrung zu reagieren.

Eine Folge dieser überwältigenden Bindungserfahrung ist, dass sie im Körpergedächtnis des Kindes erhalten bleibt und durch an sie erinnernde Reize wieder ausgelöst werden kann. So bewirkt eine plötzliche Lageveränderung eines Säuglings mit Kaiserschnitterfahrung womöglich, dass es sich daran erinnert, wie es während der Schnittentbindung mit großer Eile aus dem Mutterleib entnommen wurde. Erinnerungsweinen ist immer auch ein traumatisches Weinen. Es ist ein Weinen, das mit einem zurückliegenden Unlusterleben verknüpft ist. In einfachen Worten könnte man auch sagen, dass die Babytränen etwas Vergangenes beweinen. Dennoch ist es nur die halbe Wahrheit, da solche überwältigenden Beziehungserfahrungen weiterhin im Körper fortwirken, und zwar im Hier und Jetzt. Dem Erinnerungsweinen habe ich im weiteren Verlauf des Buches noch ein eigenes Kapitel gewidmet, doch vorerst sollten wir uns noch mit den unterschiedlichen Formen des Babyweines beschäftigen.

Beim dritten Typus des Babyweinens schwingt sich der Säugling auf die emotionalen und körperlichen Unlust- und Spannungszustände seiner Begleiter ein und spiegelt diese in Form des Schreiens wieder. Ich spreche in diesem Zusammenhang von *Resonanzweinen.* Säuglinge sind aufgrund ihrer Bindungsnatur große Meister darin, sich auf die emotionalen Stimmungen und Atmosphären ihres Umfeldes einzustellen. Es ist, als besäßen sie feine Antennen, mit denen sie alles in ihrer unmittelbaren Umgebung aufnehmen und beantworten können. Dabei empfangen sie manchmal auch Gefühle und Körperzustände, die von den Erwachsenen selbst noch gar nicht wahrgenommen wurden. Das können unterdrückter Ärger auf den Partner oder auch verdrängte Gefühle von Angst und Unsicherheit sein. Babys sind wie Lügendetektoren. Sie erkennen augenblicklich unbewusste Spannungen und Gefühle und drücken sie durch ihr Schreien direkt aus. Das erklärt auch, warum Babys sofort unruhig werden, wenn sie in einen Raum gebracht werden, in dem gerade »dicke Luft« herrscht. Das Baby kann zwar nicht verstehen, was da in dem aufgeheizten Streitgespräch inhaltlich verhandelt wird, aber es spürt die Aufregung und Spannung, die in der Luft liegt. Sie spiegeln uns mit ihrem Schreien jene unterdrückten Selbstanteile, die wir als Eltern nicht wahrhaben wollen und manchmal auch nicht wahrhaben können, da sie noch nicht bewusstseinsfähig sind. Hier ein Beispiel, um zu verdeutlichen, was damit gemeint ist:

> Elke war vor ihrer ersten Schwangerschaft eine erfolgreiche Geschäftsfrau, die in einer Logistikfirma eine große Abteilung mit über 50 Mitarbeitern leitete. In ihrem Job gab es kein Problem, das sie nicht in Angriff nahm oder für das sie nicht in kürzester Zeit eine Lösung fand. Sie war eine Frau der Tat. Im Umgang mit ihren Mitarbeitern fand sie klare und direkte Worte. Mit der Geburt ihrer Toch-

ter Laura schien die Welt der 35-Jährigen plötzlich aus den Fugen zu geraten. Keine der Strategien, die sich in ihrem beruflichen Alltag bewährt hatten, funktionierte bei ihrer Tochter. Bereits zwei Wochen nach der anstrengenden Geburt wurde Laura sehr unruhig und quengelig. Egal, was Elke ihr auch anbot, Laura schien nicht daran interessiert zu sein. Sie vermied den Blickkontakt und war auch sonst sehr angespannt.

Elke war es von ihrem bisherigen Job gewöhnt, keine Schwächen zu zeigen, stets souverän aufzutreten und immer eine Lösung zu finden. Wenn etwas nicht sofort klappte, »legte sie eine Schippe drauf«, so kam sie immer ans Ziel. Aber in ihrer neuen Rolle als Mutter spürte sie aufsteigende Unsicherheit und Orientierungslosigkeit. »Was sollte sie tun? Wann sollte sie es tun? Wie sollte sie es genau tun?« Fragen über Fragen, auf die sie keine Antwort wusste. Trotzdem bemühte sie sich die Fassung zu wahren.

In unserer ersten Sitzung erzählte mir Elke ihre Geschichte. Nach einer Weile kamen wir auf ihre Unsicherheit zu sprechen und darauf, dass sie nicht wolle, das andere Menschen davon erfuhren. Während sie redete, lächelte sie ununterbrochen. Doch darunter lag eine große Anspannung und Verunsicherung, die auch ich wahrnehmen konnte. Plötzlich wurde auch Laura immer unruhiger. Mit den Armen und Beinen ruderte sie wild herum und schon kurze Zeit später verwandelte sich die allgemeine Unruhe in ein Quengeln und schließlich in ein Schreien.

Was war geschehen? Durch die Erzählung war die ganze Belastung der Mutter immer weiter an die Oberfläche gedrungen. Auch wenn Elke ihre Gefühle weiterhin nicht wahrnehmen konnte und wollte, spiegelte Laura die zunehmende Spannung und Erregung ihrer Mutter deutlich, denn der unangenehme Gefühlszustand der Mutter übertrug sich auf sie. Ein Baby kann nicht verstehen, dass die Quelle dieser Anspannung nicht in ihm selbst liegt. So erlebt es die nicht gelebten Gefühle der Eltern als seine eigenen.

Aus diesem Grunde ist es so überaus bedeutsam, dass Sie als Eltern lernen, Ihre unangenehmen inneren Gefühls- und Stresszustände frühzeitig zu erkennen, sich Ihnen zuzuwenden und sich dann selbst durch gezielte Maßnahmen zu beruhigen. Durch die Anerkennung unserer Gefühle werden unsere Kinder entlastet. Sie spüren genau, wenn wir die Verantwortung für diese Selbstanteile übernehmen. Und indem wir dies tun, ist es fast so, als würden wir herumirrende Geister einfangen und dafür Sorge tragen, dass sie unsere Babys nicht mehr quälen. In den nächsten Kapiteln werde ich genauer beschreiben, wie Sie als Eltern die Integration dieser ungeliebten Gefühle und Körperzustände meistern können, um so Ihr Kind zu entlasten.

7 Babyschreien und kindliche Bedürfnisse

Das Fundament der körperlichen Bedürfnisse

Viele Eltern, die zu mir in die Krisenberatung kommen, sind der festen Überzeugung, dass das Schreien ihres Babys mit mangelnder Befriedigung von körperlichen Bedürfnissen zusammenhängt. Babyschreien kann etwas mit Hunger, Verdauungsschwierigkeiten und Müdigkeit zu tun haben, was natürlich auch manchmal der Fall ist, aber es gibt auch eine ganze Reihe anderer Gründe, weshalb Babys sich mit ihrem Schreien bemerkbar machen. Um das zu verdeutlichen, möchte ich eine Abbildung vorstellen, die Ihnen helfen soll, besser zu verstehen, aus welchen Gründen ihr Baby sonst noch weinen könnte.

In der Abbildung 6 sehen Sie eine Pyramide, in der unterschiedliche Bedürfnissysteme wie körperliche Bedürfnisse (Hunger, Schlaf u. a.), Sicherheitsbedürfnisse, das Bedürfnis nach Anregung und Stimulation sowie das kindliche Autonomiebedürfnis eingetragen sind. Diese Bedürfnispyramide ist eingebettet in einen Kreis, der das umgebende Feld der Bindungsbeziehungen symbolisiert. Genau diese feinfühlige und tragende Bindung zwischen Eltern und Baby ist der Boden, auf dem die Befriedigung aller dort aufgeführten Bedürfnisse erfolgt.

So besteht der Stillprozess aus ganz vielen kleinen Abstimmungsprozessen der Mutter mit den Verhaltensreaktionen des Kindes. In der Fachsprache sprechen wir von einer Feinfühligkeitsfähigkeit der Eltern. Dies ist eine intuitive Anlage, die sich

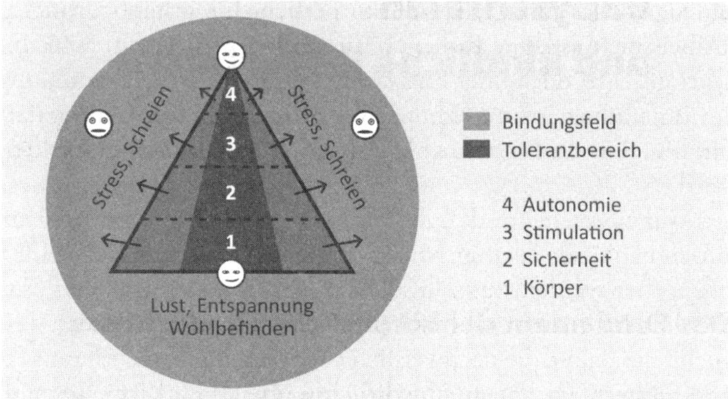

Abb. 6: Bindung und kindliche Bedürfnisse (eigene Darstellung)

tatsächlich bei allen Eltern dieser Erde im Kontakt mit ihren Babys beobachten lässt. Sie erlaubt Ihnen, im Zusammensein mit Ihrem Kind den richtigen Tanzschritt zu finden, ohne dass Sie ständig darüber nachdenken müssen. Während eines Stillprozesses spielt es sich genauso ab: Die Mutter passt ihre Haltung, Sprache, Rhythmik und ihr Tempo ständig an die emotionalen und körperlichen Reaktionen des Babys an. Das ist vergleichbar mit dem innigen Tanz zweier erwachsener Menschen. Auch dort müssen die Partner intuitiv erfassen, was der andere will, was der nächste Schritt sein wird und wann es Zeit für eine Drehung ist. Es braucht diese Art der intuitiven Beziehungsintelligenz, damit Sie die unterschiedlichen Bedürfnisse Ihres Kindes erfassen und hinreichend beantworten können. In den nächsten Kapiteln werde ich Ihnen zeigen, was Sie tun können, um auch in stressigen Momenten mit Ihrem Kind so gelassen zu bleiben, dass Sie spontan die richtigen Schritte unternehmen.

Doch werfen wir noch einen Blick auf die Abbildung 6. Auf der untersten Stufe der Bedürfnispyramide finden Sie die körperlichen Quellen des Babyweinens: Ihr Baby weint, weil es durstig ist und etwas trinken möchte, weil es zu wenig Schlaf bekommen hat oder weil ihm etwas Schmerzen bereitet. Schmerz ist ein Signal, das anzeigt, dass die körperliche Integrität bedroht ist. Dabei spielt es keine Rolle, ob die Schmerzquelle von einer Injektionsnadel oder einer Entzündung und Flüssigkeitssammlung im Innenohr herrührt. Immer weist die Schmerzerfahrung darauf hin, dass die Einheitlichkeit unseres Organismus angegriffen wird.

Wir wissen heute, dass die Verdauungsprobleme und Koliken, die so häufig als alleiniger Erklärungsgrund für das Babyweinen angegeben werden, nur sehr selten das Schreien verursachen. Tatsächlich hat man in zahlreichen Untersuchungen entdeckt, dass nicht alle Babys, die nachweislich einen hohen Gasanteil im Magen-Darm-Trakt haben, untröstlich weinen. Ganz im Gegenteil geht man heute davon aus, dass lediglich fünf Prozent der exzessiven Schreiphasen der Babys auf Verdauungsstörungen und Koliken zurückzuführen sind (Papousek et al., 2004).

Nach dem Stillen oder der Flaschenfütterung zeigen Babys manchmal eine große Unruhe. Der Bauch kann danach hart und aufgequollen sein, häufig verkrampfen sie sich und überstrecken ihren gesamten Körper. Für den Betrachter sieht das tatsächlich quälend und unlustvoll aus.

Sicher kennen Sie es, wenn Ihr Baby müde oder hungrig ist. Natürlich verursachen Schlaf- und Nahrungsmangel eine erhöhte Spannung im Kind, aber irgendwann wird das Unlustgefühl für Ihr Baby unerträglich. Es beginnt zu quengeln. Sollten Quengeln und zunehmende Körperspannung nicht als Hinweise auf Müdigkeit und Hunger erkannt werden, bleibt nur noch das Schreien als letzte Wahl, denn seine Ausdrucksmöglichkeiten sind zu Beginn seines Lebens noch sehr begrenzt. Eltern benötigen eine Weile, um die einzelnen Körpersignale und Ausdrucksbewegungen ihres Säuglings bestimmten Bedürfnissen und Defiziten gezielt zuordnen zu können. Die Ergebnisse in der modernen Säuglingsforschung zeigen allerdings, dass Eltern schon nach wenigen Wochen sehr differenziert wahrnehmen können, ob ihr Baby aufgrund von Hunger, Müdigkeit oder Schmerzen zu schreien beginnt (Derksen & Lohmann, 2013).

Zusammenfassend kann festgehalten werden, dass Ihr Baby durch anhaltende Schmerzen, Nahrungs- und Flüssigkeitsmangel sowie Schlafdefizit in einen unlustvollen Anspannungszustand geraten kann. Das Babyweinen teilt Ihnen dann auf der Ebene der Körperdefizite mit, dass der schmale, tolerable Erlebniskorridor, in dem die körperliche Unversehrtheit, das Wachsen und Wohlbefinden Ihres Babys garantiert wird, verlassen wurde.

Das Bedürfnis nach Sicherheit

Menschliche Säuglinge sind Bindungswesen, sie streben nach einem Zustand, in dem sie sich sicher und aufgehoben fühlen. Wenn Ihr Baby mit einem entspannten Körper ausdrückt, dass es sich geborgen und wohlfühlt, dann ist sein Bedürfnis nach Bindung und Sicherheit erfüllt.

Es gibt eine Reihe von Tieren, die direkt nach der Geburt in der Lage sind, sich von der Mutter zu entfernen. Sie sind fähig auf eigenen Beinen zu stehen und sich fortzubewegen. Anders als bei diesen sogenannten »Nestflüchtern« ist der menschliche Säugling komplett abhängig von den Menschen, die ihn umgeben. Obwohl er auch eine Reihe angeborener Fähigkeiten besitzt, braucht er einzelne Menschen, die gesichert seine Fürsorge übernehmen. In der modernen Bindungsforschung wurde viel darüber herausgefunden, was Babys brauchen, damit sie ein Gefühl von Halt und Sicherheit entwickeln (Brisch, 2018). Unbestritten ist, dass Babys sich besonders wohlfühlen, wenn die Angebote der Eltern stimmig sind. Es darf nicht zu viel sein, aber auch nicht zu wenig. Wenn eine Mutter auf das Lächeln ihres Babys antwortet, dann ist es wie bei einem fein aufeinander abgestimmten Paartanz. Eine ohrenbetäubende Lachsalve der Mutter wäre als Antwort zu viel des Guten, ein müdes Lächeln, dass kaum zu erkennen ist, dagegen nicht ausreichend, denn das Baby erwartet mehr Reaktion und Aktion. Somit ist der Korridor, in dem sich die Interaktionen von Eltern und Kind bewegen, noch recht eng und leicht zu stören. Aber keine Sorge, die kleinen Fehltritte beim Tanz sind wichtige Bestandteile des Zusammenseins von Eltern und Kind. Diese kleinen »Mismatches« gehören zum Kennenlernen dazu. Wenn es im Miteinander mal nicht passt, wird sich Ihr Baby schnell bemerkbar machen. Auch Ihr eigner Körper reagiert und wird Ihnen über unlustvolle Empfindungen Hinweise geben, dass gerade etwas den Fluss der Interaktionen stört. Reagieren Sie achtsam auf diese Regulationssignale, so sind sie eine hilfreiche Informationsquelle, um sich immer wieder in passender Weise auf Ihr Baby abzustimmen.

Die dadurch entstehende Harmonie erzeugt im Säugling das Gefühl, vom Gegenüber erkannt und gesehen zu werden. Das Wohlgefühl und die Entspannung sind das Ergebnis der erlebten Bindungssicherheit. Man könnte auch sagen: »Weil Ihr Baby sich in der Beziehung gehalten fühlt, kann es sich fallen und gehen lassen.«

Reichen die Regulationssignale in Ihrer Beziehung zum Baby noch nicht aus, wieder ein gelingendes Miteinander herzustellen, dann entsteht schnell ein Kreislauf aus Anspannung, Unlust und Unsicherheit. Haben Sie Ihrem Tanzpartner erst einmal auf die Füße getreten, werden Ihre Tanzschritte danach vorsichtiger und bedachter. Sie kontrollieren sich mehr, wodurch ein richtiger Bewegungsfluss nicht mehr zustande kommt. Das Ganze wird jetzt eine verkrampfte und unlustvolle Angelegenheit. (Mit Pein denke ich an meine ersten Versuche in der Tanzschule zurück. Ich weiß, wovon ich rede!)

Bevor ich näher darauf eingehe, weshalb Babys sich beschweren, wenn die Nähe zu ihren Eltern fehlt oder verloren geht, nochmals einige Bemerkungen zur Notwendigkeit der sicheren Bindung. Bindungssicherheit ist für Babys der wichtigste Lebenssaft. Sie sterben, wenn sie nicht kontinuierlich berührt, angesprochen oder anderweitig stimuliert werden. Das heutige Wissen darüber ist eindeutig (Montagu, 2015; Brisch, 2018).

Babys sind soziale Wesen und erwarten von den Menschen ihrer Umwelt, dass diese mit ihnen in Kontakt treten. Nur auf der

Basis dieser stabilen Verbindungen kann das Baby seine Umwelt erkunden und die darin verborgenen Geheimnisse erkennen und in sich aufzunehmen. Aus Sicht des Babys gibt es kein Modell für Trennungserfahrungen. Als ehemalige »Traglinge« erwarten sie nicht, von ihrer Mutter getrennt zu sein. Obwohl unsere Gesellschaft komplexe Kulturen und Sozialsysteme aufgebaut hat, ist es nach wie vor so, dass wir in Bezug auf unsere Bindungsbedürfnisse auf dem Niveau von Steinzeitmenschen ticken. Es gibt *kein* »modernes« Baby, das sich in seinen Anlagen an eine Trennungskultur angepasst hätte! Menschliche Säuglinge haben heute wie vor 50.000 Jahren kein Verständnis dafür, wenn der Körperkontakt nicht ausreicht oder gänzlich fehlt.

Der dauerhafte Verlust von Nähe ist für Ihr Baby gleichbedeutend mit Gefahr und Stress. Dies wird klar, wenn wir einen Blick auf unsere nomadisierenden Vorfahren werfen. Alles was wir heute wissen, ist, dass die Frühmenschen – ähnlich wie es noch heute in vielen Naturvölkern zu beobachten ist – ihre Babys rund um die Uhr bei sich am Körper trugen. Schaukeln, Ruckeln und Bewegtwerden war für diese vorgeschichtlichen Babys somit der normale Zustand, wogegen absolute Ruhe und Bewegungslosigkeit eine eher unbekannte und unerwartete Erfahrung darstellten. Angenommen wir hätten den – wenn auch unwahrscheinlichen – Fall, dass eine Gruppe dieser Vormenschen auf einer ihrer Wanderungen eines ihrer Babys unter einem schattigen Olivenbaum vergessen hätte, dann wäre die Stille und Bewegungslosigkeit für das zurückgebliebene Baby gleichbedeutend mit einer Erfahrung eines großen »Nichts«, einem Gefühl des »Mutterseelenalleinseins«. Früher oder später würde dieses Baby anfangen, lauthals zu schreien, was eine – aus seiner Sicht – vernünftige Reaktion auf den Kontaktverlust wäre, den es aus eigener Kraft nicht beheben kann.

Auch wenn Sie Ihr Babys wahrscheinlich nicht mehr ständig bei sich am Körper tragen und sich auch sonst so manches an unserer Lebensweise verändert hat, so sind die Reaktionen unserer heutigen Babys auf längere körperliche Trennungen so ziemlich dieselben wie bei den Babys unserer Vorfahren. Sie mögen vielleicht in dem gut gemeinten Glauben sein, Ihr Baby bräuchte Ruhe und eine Rückzugsmöglichkeit, wenn Sie es in sein Bettchen legen. Und tatsächlich kann es nach einem aufregenden Tag für Ihr Baby wichtig sein, Erholung und Ruhe zu finden. Doch wenn es nach Ihrem Baby ginge, dann würde es sich am liebsten direkt an Ihrem warmen Körper entspannen. Allein in seinem Kinderzimmer wird es die Bewegungslosigkeit und Stille früher oder später herausfordernd erleben. Jedes Kind hat einen ganz individuellen Toleranzkorridor für die Zeitdauer, die es entspannt ohne direkte Körpernähe verbringen kann. Dies ist zum einen von seinem Entwicklungsstand, zum anderen aber auch von seinem Temperament abhängig. Was für das eine Baby okay und aushaltbar erscheint, empfindet ein anderes bereits als Zumutung. Aber früher oder später wird sich jedes Baby melden und mit seinem Quengeln und Schreien ausdrücken, dass es die vertraute Nähe vermisst.

Doch nicht allein die direkte körperliche Trennung von den Eltern kann ein Grund dafür sein, dass das Sicherheitsbedürfnis Ihres Babys unbefriedigt bleibt. Ein Gefühl des Getrenntseins kann sich beim Säugling auch dann einstellen, wenn Sie über längere Zeiträume sehr belastet oder im Stress sind. Ihr Kopf kann zum Beispiel voll mit noch zu erledigen Dingen sein oder Ihre Gedanken drehen sich um Sorgen bezüglich Ihrer Partnerschaft oder um finanzielle Unsicherheiten. All das kann dazu führen, dass Ihr Baby Sie nicht mehr als präsentes und verfügbares Gegenüber erlebt. Für kurze Momente kann das für Ihr Baby tolerabel sein, aber hält diese verringerte Beziehungsqualität länger an, dann wird es auf diesen Kontaktmangeln ganz ähnlich reagieren, als wäre es von Ihnen getrennt. Ihr Baby kann Unsicherheit also auch dann erleben, wenn Sie es den ganzen Tag an Ihrem Körper tragen, es stillen oder sich unablässig mit ihm beschäftigen.

Somit entscheidet nicht allein die Dauer des Körperkontaktes darüber, ob Ihr Baby sich in Ihrer Nähe verbunden und aufgehoben fühlt, sondern bedeutsam ist vielmehr, dass Sie für Ihr Baby hinreichend emotional verfügbar und ansprechbar sind.

Das Bedürfnis nach Neuem

Alle Eltern haben erlebt, wie neugierig ihre Babys von Geburt an sind. Sie interessieren sich für das, was sie noch nicht kennen. Das macht sie aufmerksam und offen für Informationen aus ihrer Umwelt. Dabei sind nicht jeder Reiz und jede Anregung sinnvoll, denn ihre Neugierde kann auch überstrapaziert werden. Babys bevorzugen die Erfahrungen, die sich – auf dem jeweiligen Entwicklungsstand – leicht aufnehmen und integrieren lassen. Dieser Hunger nach neuen Reizen wird von vielen Eltern genutzt, um ihre Babys abzulenken, vor allem dann, wenn sie weinen. Durch geräuschvolle Objekte, übermäßige Gesten oder Bewegung soll die Aufmerksamkeit der Kinder gebannt werden. Ihr Baby wird dann staunen und versuchen zu verstehen, was dort Aufregendes geschieht. Es wird zunächst ganz ruhig, hält dann kurz inne und nimmt alles auf, was Sie ihm da anbieten.

Tatsächlich ist der Reizhunger Ihres Babys aber ähnlich schnell gesättigt wie sein Nahrungs- oder Bindungsbedürfnis. Sein Gehirn verfügt tatsächlich nur über eine begrenzte Kapazität, um neue Informationen aufzunehmen. Ist diese Grenze erreicht, verlieren die Reize schnell wieder ihre Faszination. In diesen Momenten gibt Ihnen Ihr Baby ein Signal: Oft schließt es zuerst einmal die Augen oder wendet seinen Kopf zur Seite. Ihr Baby vermittelt: »Lass mich in Ruhe! Mehr Neues will ich nicht!« Es benötigt jetzt Ihren Schutz, um sich zurückzuziehen und all die vielen Neuigkeiten zu verdauen.

Wird das Rückzugsbedürfnis Ihres Kindes nicht respektiert, wird es der Situation schnell überdrüssig. Es kann die vielen Reize nun nicht mehr verarbeiten. Als Folge wird es jetzt zunehmend aufgeregter und gespannter.

Sie haben das sicher schon mal erlebt: Sie sind mit Ihrem Baby auf einem Familienfest und jeder möchte – meist ungefragt – das Baby mal auf den Arm nehmen. Es wird betatscht, gehätschelt und mit Blicken begutachtet. Einerseits ist das vonseiten der Umwelt verständlich, auch Sie sind sehr stolz auf Ihr Baby, anderseits werden dabei oft die Grenzen und Reaktionen Ihres Babys nicht mehr wahrgenommen. Früher oder später ist die Konsequenz, dass sich Ihr Liebling die Seele aus dem Leib weint. Seine Tränen teilen Ihnen nun mit, dass einfach alles zu viel geworden ist und es jetzt endlich gehört werden will.

Gesteigert wird diese Reizüberflutung besonders dann, wenn auch Sie selbst nicht mehr in gutem Kontakt zu sich stehen. Das kann natürlich auf einem Familienfest schnell mal der Fall werden. Sie haben als Mutter oder Vater viel über Ihre erste Zeit mit Ihrem Baby zu berichten. Vielleicht sind Sie sogar etwas unsicher und fühlen sich angespannt unter den vielen kritischen Augen der Schwestern und Großmütter. Sie wollen es möglicherweise besonders gut machen und vor lauter Anstrengung fühlen sie sich nun vielleicht selbst ganz überfordert von dem vielen Kontakt und sind verständlicherweise nicht mehr mit dem ganzen Herzen bei Ihrem Kind.

Ihr Baby toleriert diesen zunehmenden Kontaktverlust eine ganze Weile, aber irgendwann ist das Maß voll. Wenn Sie darauf nicht reagieren, fühlt es sich verunsichert und fängt an, sich vermehrt ans Außen zu wenden. Genau das passiert, wenn Menschen sich nicht sicher fühlen: Sie beginnen damit, ihre Umwelt abzuscannen! Wie bereits im vorigen Kapitel beschrieben ist die Erfahrung von Geborgenheit und Sicherheit für Ihr Baby eine wichtige Bedingung, damit es sich sicher in seinen Körper zurückziehen kann. Diese Rückzugsphasen sind für das Verdauen von neuen Erfahrungen immens bedeutsam. Bindungsunsicherheit und Überreizung hängen sehr häufig miteinander zusammen und präsentieren sich als zwei Seiten ein und desselben Vorgangs.

Das Weinen Ihres Babys kann also auch bedeuten, dass es zu viel Neues aufgenommen hat, dass ihm unwohl ist, weil sein Gehirn überflutet wurde. So wie Ihnen übel werden kann, wenn Sie zu viel Essen in sich hineinschaufeln, so kann Ihnen auch unwohl werden von einem Übermaß an Information. Mir geht es regelmäßig so, wenn ich von einer spannenden Tagung zurückkomme. Kaum liege ich zu Hause auf dem Sofa und komme zur Ruhe, merke ich, wie alles in mir surrt und meine Gedanken rastlos umher kreisen. Innerlich bin ich zappelig. Das Beste, was ich in diesem Moment tun kann, ist, meinen Hund zu schnappen und mich mit ihm für eine Stunde zurückzuziehen – fern von allem, was auf mich einströmt. Ich marschiere mit ihm durch die Felder und hinterher ist mein Kopf wieder frei und aufnahmefähig.

Das Bedürfnis nach Autonomie

Babys wollen von Geburt an vieles selbst machen. Sie wollen aus eigener Kraft die nächsten Schritte ihrer Entwicklung meistern. In diesem Bestreben entpuppen sie sich als wahre Weltmeister der Beharrlichkeit. Ich erinnere mich, wie sich mein ältester Sohn im Alter von etwa vier Monaten vom Rücken auf den Bauch zu drehen begann. Am Anfang wollte es nicht recht gelingen. Sein Arm lag im Weg, sodass er minutenlang auf der Seite liegen blieb. Immer wieder ließ er sich auf den Rücken zurückfallen, um dann erneut einen Anlauf zu starten, allerdings mit demselben Ergebnis. Weiter als auf die Seite schaffte er es nicht. Er ächzte und nörgelte, aber zu keiner Zeit ließ er sich entmutigen. Ich selbst hatte Mühe, ihm bei seinen Anstrengungen Gesellschaft zu leisten, und schließlich wollte ich ihm dabei helfen, der von mir so erlebten Quälerei ein Ende zu setzen. So gab ich meinem kleinen Sohn einen leichten, unterstützenden Schubs, damit er nun endlich auf den Bauch rollen konnte. Aber anstatt begeistert darüber zu sein, endlich am Ziel angekommen zu sein, war er frustriert und weinte bitterlich.

Was war geschehen? Ich hatte sein Bedürfnis nach Selbstwirksamkeit nicht beantwortet. Statt ihn selbst die Lösung finden zu lassen – was vielleicht noch ein paar Tage gedauert hätte –, wollte ich den Prozess beschleunigen. Ich habe es nicht ihm, sondern mir leichter gemacht. Meine Hilfestellung war sein Frust.

In der frühen Entwicklungsphase unserer Kinder finden wir viele Beispiele für das Bedürfnis nach Autonomie und Selbstwirksamkeit. Aus der Forschung wissen wir, dass Babys, die man direkt nach der Geburt auf den Bauch der Mutter legt, nach einiger Zeit von alleine damit beginnen, sich den Weg zur Mutterbrust zu suchen. In wissenschaftlichen Untersuchungen eines schwedischen Forscherteams ist dies eindrücklich dokumentiert worden. Hierbei zeigte sich, dass es unendlich viel Geduld brauchte, bis die beobachteten Babys am Zielort ankamen. Das Problem sind in der Regel nicht die Kinder, sondern wir Erwachsenen, die das langsame Tempo unserer Babys oft nicht ertragen und begleiten können.

Zusammenfassend können wir demnach festhalten, dass immer dann, wenn eines der genannten Grundbedürfnisse unzureichend befriedigt ist, Ihr Baby in einen Zustand körperlicher Anspannung und Stress wechselt. Egal, ob Ihr Baby unterkühlt ist, Ihre Zuwendung vermisst oder aber übersättigt von zu vielen Umweltreizen ist – immer antwortet es mit zunehmender Körperspannung und Unlustempfindung. Wenn diese körperlichen Stör- und Regulationssignale nicht frühzeitig von Ihnen als wichtigsten Begleiter Ihres Babys erkannt werden, dann beginnt es mit einer nächsten Stufe von körperlichen und emotionalen Reaktionen, um Sie zu alarmieren und zu benachrichtigen.

8 Babyschreien als Ausdruck früher Wunden

Viele Eltern, die den Weg in eine Krisenambulanz finden, um sich dort Unterstützung zu suchen, haben oftmals bereits eine viele Wochen oder Monate andauernde Odyssee hinter sich. Hier einige Beispiele dafür, was Eltern typischerweise berichten, wenn sie ihre Babys vorstellen:

- »Ich verstehe nicht, warum mein Kind von einer Sekunde auf die andere so bitterlich weint. Es scheint aus dem Nichts zu kommen.«
- »Sobald mein Baby zu schreien beginnt, scheint es in einer anderen Welt zu sein. Ich kann es dann ansprechen, herumtragen oder ihm ins Gesicht pusten – nichts scheint es aus diesem Tunnel herausholen zu können.«
- »Das Schreien meines Jungen hört sich an, als habe er die fürchterlichsten Schmerzen. Mein Kinderarzt hat mich beruhigt, dass es keine organischen Ursachen dafür gebe. Manchmal erinnert mich sein Schreien an mein eigenes während seiner Geburt, als die Schmerzen so unerträglich waren. Aber das ist sicher nur eine Einbildung von mir, oder?«

Wenn ein Baby schreit, weil bestimmte körperliche oder emotionale Bedürfnisse nicht erfüllt sind, ist das aus seiner Sicht eine logische und gute Sache. Das Baby macht die Menschen, die für sein Wohlergehen zuständig sind, auf ein bestehendes Problem aufmerksam. Das Schreien soll die Erwachsenen aufwecken, damit sie Schritte einleiten, um die mangelnde Abstimmung auf die Bedürfnisse ihres Kindes zu beheben. Im Rahmen der unterstützenden Beratungspraxis ist es oft leichter, die Quellen solcher Störungen zu finden und zu verändern.

Nicht ganz so leicht ist dies in der schon erwähnten zweiten Kategorie des Babyweinens – dem *Erinnerungsschreien*. In der Fachliteratur spricht man von Regulationsstörungen des Schreiens. Häufig beginnen die Babys ganz unvermittelt mit ihrem Ausdrucksweinen. Die Schreiprozesse steigern sich nicht langsam und stetig, sondern intensivieren sich in Sekundenschnelle. Typischerweise brechen die exzessiv schreienden Säuglinge während der Weinattacken augenblicklich den Blickkontakt zu den Eltern ab. Während der Schreiwellen scheinen sie sich komplett in ihrer eigenen Welt zu verlieren.

»Sobald mein Baby mit seiner Schreierei loslegt«, so eine betroffene Mutter, »scheint es in einer Art Tunnel zu verschwinden. Es ist dann egal, was ich ihm anbiete, es macht einfach so weiter wie vorher. Als wäre ich gar nicht da.« Manchmal sind die Spitzen des Babyschreiens bei diesen belasteten Kindern so extrem, dass sich ihre Schreie überschlagen oder ihnen für kurze Momente die Luft wegbleibt.

Tatsächlich vermitteln diese extremen Weinzyklen oft den Eindruck, als ginge es für das Baby um Leben und Tod. Die Schreie klingen gequält, wütend, traurig oder so, als würde man dem Kind wehtun. Manchmal nimmt die Qualität des Weinens einen extrem verzweifelten Ton an, als ginge es nicht weiter, ein andermal wirkt es so, als riefe das Kind einem zu: »Hole mich hier raus. Ich kann nicht mehr!« Es ist fast unmöglich, von diesen extremen Schreien als Mutter oder Vater unberührt zu bleiben.

Werfen wir einen genauen Blick auf die Schreikurve dieser Babys, so fällt auf, wie schnell sich Spannung und Erregung steigern können. Es gleicht einer regelrechten Explosion. Viele Eltern beschreiben es auch genau so: »Es geht alles sehr, sehr schnell. Manchmal macht Emma gerade erst die Augen auf, schon legt sie mit dem Schreien los wie eine Rakete. Während sie dann ›auf

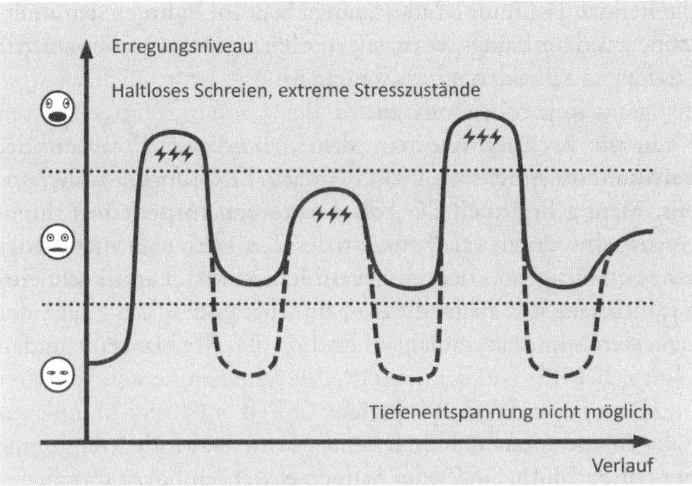

Abb. 7: Erregungskurve des untröstlichen Babyschreiens (eigene Darstellung)

der Palme‹ ist, lässt sie sich kaum beeinflussen oder ansprechen. Dann ist der Anfall auch plötzlich genauso schnell beendet, wie er begonnen hat. Es ist fast so, als würde jemand den Hahn abdrehen. Plötzlich ist sie ruhig und schläft ein.«

Zur Verwunderung der Eltern ist dieser Schlaf jetzt ganz leicht und einfach zu stören. Schon kleinste Bewegungen reichen aus, dass ihr Baby wieder aufwacht und erneut mit dem Schreien beginnt.

Viele betroffene Eltern berichten tatsächlich, dass ihr Baby in den Schreipausen kaum richtig entspannt. Die Mutter eines vier Wochen alten Jungen erzählt: »Er lässt eigentlich gar nie richtig los, wenn er nach diesen anstrengenden Attacken auf meinem Bauch liegt. Es ist dann beinahe so, als hätte ich ein lebloses Stück Holz auf mir. Er fühlt sich bretthart an und sein Körper landet nicht auf meinem. Diese Distanz macht mich extrem traurig.«

An dieser Stelle stellt sich die Frage, warum ein Baby sich so eigenartig verhält. Warum verweigert es ab einen bestimmten

Punkt jede Hilfe und Zuwendung? Warum kann es sich nicht mehr auf dem Bauch seiner engsten Bezugsperson entspannen? Und wieso klingen die Babyschreie derartig bedrohlich, als würde man dem Kind Gewalt antun?

In den nächsten Kapiteln werde ich erläutern, warum viele Babys auf solch extreme Weise schreien. Die Babys erzählen uns mit ihrem Schreien eine Geschichte, es sind körperliche Erinnerungen an seine erste Lebenszeit, die sie als herausfordernd oder gar überwältigend erfahren haben. Ich verwende in diesem Zusammenhang den Begriff des »Erinnerungsschreiens«, den der amerikanische Babytherapeut Karlton Terry erstmals benutzte (Terry, 2015).

Diese Form des Babyschreiens ist Teil einer sehr komplexen Baby-Körpersprache. Durch sie wird uns etwas über die Erfahrungen des Fötus und/oder Säuglings während der Schwangerschaft, Geburt und ersten Lebenszeit mitgeteilt. Das extreme Babyschreien, das sich auf den ersten Blick nicht verstehen lässt, enthält fast immer eine tiefere Logik und Botschaft, die verstanden werden will.

Babys erwarten Antworten

Um dies näher zu erläutern, möchte ich von einem bekannten Experiment[3] berichten, das als Erstes von dem amerikanischen Säuglingsforscher Edward Tronick durchgeführt wurde. Untersucht wurde hierbei die Wirkung unterschiedlicher Interaktionsangebote zwischen Mutter und Baby.

Seine Versuchsanordnung war sehr einfach und brillant: Eine Mutter wird aufgefordert, zehn Minuten mit ihrem wenige Monate alten Baby zu spielen und zu interagieren. Dabei sitzt sie dem Kind so gegenüber, dass sich die beiden anschauen können.

3 Siehe hierzu das »Still Face Experiment« von Dr. Edward Tronick unter https://www.youtube.com/watch?v=apzXGEbZht0 (01.08.2018).

In der ersten Phase des Experimentes stellt sich die Mutter ganz auf die Stimmungen und Verhaltensangebote ihres Babys ein. Sie lächelt zurück, wenn das Baby sie anstrahlt, sie antwortet darauf, wenn das Baby die Hände ausstreckt, oder sie imitiert Geräusche, die das Kind mit seiner Stimme produziert.

In der zweiten Phase des Experiments wird die Mutter aufgefordert, unvermittelt ihr Gesicht abzuwenden und einen Moment zu warten. Dann soll sie sich mit ausdrucksloser und starrer Miene zum Kind zurückdrehen. Die Mutter ist angehalten, zwei Minuten lang, ihre Mimik zu unterdrücken und nicht länger auf die Verhaltensangebote, Körperbewegungen und Laute des Säuglings zu antworten. In dieser Zeit soll die Mutter ein leb- und bewegungsloses Gegenüber für das Baby sein. Wie sich gezeigt hat, bedeuten zwei Minuten für ein Baby eine Ewigkeit. Es ist sehr irritiert darüber, dass seine Mutter plötzlich nicht mehr antwortet.

Lassen Sie uns etwas genauer untersuchen, wie das Baby auf die Störung des Kontaktes zu seiner Mutter reagiert. Es durchläuft offensichtlich unterschiedliche Phasen:

In der ersten Phase bleibt das Kind entspannt und guten Mutes. Es probiert unterschiedliche Wege aus, um die Mutter dazu zu animieren, mit den Interaktionsspielen fortzufahren. Es lächelt sie an, macht laute Töne und zeigt mit dem Finger auf bestimmte Gegenstände im Raum.

Als deutlich wird, dass die Mutter hierauf nicht antwortet, beginnen Stress und Anspannung im Kind anzusteigen, was im Körperausdruck sichtbar wird: Seine Bewegungen werden hektischer, die Stimme wird fordernder und schriller. Das Baby zeigt jetzt erste negative Emotionen wie Frustration oder beginnende Ungeduld. Der Spaß ist vorbei, die Toleranzgrenze überschritten, und seine Unzufriedenheit und Erregung wächst von Sekunde zu Sekunde. Obwohl das Kind hier schon sehr angespannt ist und das Quengeln sich langsam zum Weinen steigert, hält es in dieser Phase noch den Blickkontakt mit der Mutter aufrecht. Die Aufmerksamkeit ist noch ganz bei der

Mutter in der Hoffnung auf Veränderung. Ständig überprüft es, ob seine Versuche, sie zum Leben zu erwecken, erfolgreich sind oder nicht.

In dieser zweiten Phase des Experiments können wir sehr deutlich sehen, dass Babys nur eine geringe Toleranzdauer haben, wenn ihre Eltern nicht mehr antworten. Aufgrund unserer ältesten phylogenetischen Erwartungen geht ein Menschenbaby davon aus, dass ein Lächeln beantwortet wird, dass die Mama auf seine Laute reagiert. Das Baby erwartet eine bewegte und antwortende Umwelt. Starre und Bewegungslosigkeit haben in seiner Welt keinen Raum, denn sie sind Ausdruck von höchster Gefahr. Vor 30.000 Jahren hätte ein Steinzeitbaby unserer nomadisierenden Vorfahren unter diesen Bedingungen annehmen müssen, seine Mutter sei gestorben oder schwer erkrankt oder man habe es unter dem schattigen Olivenbaum schlicht vergessen und alleine gelassen. Alle beschriebenen Situationen wären für den Säugling sehr bedrohlich, da es unter solchen Umständen nicht überlebensfähig wäre. Bei unseren nächsten Verwandten, den Menschenaffen, zeigten sich in der Verhaltensforschung ähnliche Reaktionen. Situationen, in denen sie auf sich alleine gestellt waren, führten sehr schnell zum Tode der Äffchen. Das Baby in dem sogenannten »Still Face Experiment« von Edward Tronick verhält sich sehr angemessen, es macht lautstarken Rabatz, weil es die Mutter zum Leben erwecken möchte.

Mit diesem ersten Schreien sagt es in etwa: »Hey Mama, es reicht jetzt! Dass du gar nicht antwortest, ist nicht mehr lustig! Könntest du mir bitte ein Zeichen geben, dass die Luft wieder rein ist? Ich beginne mir langsam Sorgen zu machen, dass etwas mit dir nicht stimmt.«

Babys geraten in Stress, wenn ihre Bindungspartner nicht gemäß des von ihnen erwarteten angeborenen Elternprogramms reagieren. Das Quengeln und Schreien ist Teil eines Stressprogramms. Doch was geschieht nun, wenn das Baby bemerkt, dass diese Lösungsversuche nicht fruchten? Wenn das Gegenüber weiterhin starr bleibt und sowohl die Regulationsversuche als auch die Körpersprache des Kindes nicht beantwortet werden? Dann beginnt eine weitere Phase, und zwar die der Überwältigung.

In dieser dritten Phase des Experimentes kippt die Stimmung und das Kind bricht förmlich zusammen. Es wird in seinen Reaktionen haltlos. Sein Schreien wird verzweifelter und seine Aufregung schnellt in die Höhe. Es wirkt fast so, als würde das Kind realisieren, dass seine Anstrengungen aussichtslos und ohne Erfolg sind. Die Arme und Beine rudern ganz unkontrolliert und hektisch am Körper des Kindes. Es unterbricht nun auch den hoffnungsvollen Blickkontakt zur Mutter und zu guter Letzt überstreckt es sich, als wolle es aus der Situation flüchten. Für das Kind beginnt jetzt der Moment der Unerträglichkeit. Nach weniger als zwei Minuten kommt für das Baby der Moment, in dem der noch erträgliche Stress ein unerträgliches Ausmaß annimmt, mit dem es alleine nicht mehr fertig wird. Es ist jetzt nicht mehr in der Lage, die emotionale Verbindung zum Gegenüber zu halten.

An dieser Stelle wird das Experiment glücklicherweise abgebrochen. Die Mutter kann das Kind jetzt auf den Arm nehmen, es beruhigen und liebkosen. Und in aller Regel führt dies dazu, dass sich das Baby schon nach wenigen Minuten von dem Schrecken komplett erholt.

Dieses Experiment führt uns in aller Deutlichkeit vor Augen, wie verletzlich das Gleichgewicht eines menschlichen Babys ist. Stellen wir uns nun vor, diese Belastung wäre in einem klinischen Umfeld passiert, unser Kind hätte im üblichen Rahmen einer Untersuchung eine schmerzhafte Injektion erhalten. Es wird gestochen und reagiert darauf mit großer Aufregung und heftigem Schreien. Doch anders als in dem Experiment, in dem die Mutter das Kind hochnehmen und beruhigen konnte, landet es jetzt in den Armen einer ihm fremden Kinderkrankenschwester, die es möglicherweise zur gut gemeinten Schonung der Mutter in ein Säuglingszimmer bringt, wo es vorerst alleine bleibt, um sich zu »beruhigen« und »seinen Stress zu verarbeiten«. Statt Trost und Entspannung im Arm der Mutter zu finden, erlebt das Baby eine weitere Welle des Kontaktverlustes. Es fühlt sich »mutterseelenallein«. Es schreit völlig haltlos, als ginge es um sein Leben, es bäumt sich auf, doch nichts geschieht und ändert sich an seiner untröstlichen Lage. Je nach Temperament und Toleranz des Babys können Minuten oder Stunden vergehen, bis es den Kampf aufgibt und resigniert. Wenn man der nun eintretenden Ruhe genauer lauscht, nimmt man eine laute und gespannte Stille wahr: Es ist die Stille, die einer Bindungsverletzung folgt.

Alles was wir heute aus der Säuglings-, Bindungs- und Traumaforschung wissen, gibt uns überdeutliche Hinweise darauf, dass Babys auf diese beschriebenen Trennungserfahrungen nicht vorbereitet sind. Es gibt keine verfügbaren Anpassungssysteme für ein Baby, um einen derartig lang andauernden Kontaktverlust zu kompensieren. Ein Baby ist motorisch noch nicht in der Lage zu fliehen und der einzig verbleibende Ausweg ist der resignierte Rückzug nach innen.

Der Schrecken der frühen Trennung

Wie sehr ein Baby erschreckt, wenn es zu früh und über längere Zeit hinweg von seinen Bezugspersonen getrennt wird, möchte ich Ihnen an einem Beispiel aus meiner Praxis verdeutlichen. Eine Mutter suchte mich zusammen mit dem vier Monate alten Frederick in der Schreibaby-Sprechstunde auf:

> Die Eltern hatten sich kurz zuvor entschieden, ihren drei Monate alten Jungen operieren zu lassen, da bei ihm ein Nabelbruch festgestellt worden war. An sich ein harmloser Routineeingriff, aber als die Eltern sich zur Operation einfanden, kam es zu dramatischen Komplikationen. Frederick bekam von den Schwestern ein Beruhigungsmittel in der gut gemeinten Hoffnung, der Kleine würde dann die Prozedur der OP-Vorbereitung besser erdulden, doch das

Gegenteil war der Fall. Frederick reagierte paradox auf das Medikament und wurde von Minuten zu Minute unruhiger. Die Eltern mussten nun ein völlig verzweifelt schreiendes Kind an der Eingangstür zum OP-Bereich abgeben. Sie konnten hinter den verschlossenen Türen hören, wie ihr geliebtes Baby komplett verzweifelt schrie und sie ihm nicht mehr beistehen konnten. Aufgrund der gesteigerten Unruhe Fredericks kam es außerdem zu Komplikationen beim Setzen der Kanülen und Zugänge und die Operation verzögerte sich.

Schauen wir uns die Situation aus der Perspektive des Kindes noch einmal an:

Auf dem Flur ist der kleine Frederick auf dem Arm seiner ängstlichen und besorgten Mutter. Sie ringt mit den Tränen, denn allein die Vorstellung, ihren Sohn gleich in fremde Hände abgeben zu müssen und ihm nicht beistehen zu können, bereitet ihr Schmerzen. Frederick spürt ihre Anspannung, dann kommt plötzlich eine fremde Person und nimmt ihn aus den Armen seiner vertrauten Mutter. Sie riecht anders und auch die Art, wie sie ihn berührt, ist ganz anders, als er das gewohnt ist. Frederick fehlt die vertraute und besänftigende Stimme seiner Mutter, die sonst immer ganz beruhigend auf ihn wirkt, wenn etwas Aufregendes passiert. Das Fehlen des Vertrauten versetzt Frederick einen ordentlichen Schrecken. Alles geht ihm hier viel zu schnell, er versteht nicht, was hier gerade mit ihm geschieht. Beunruhigt beginnt er zu schreien. Normalerweise hilft das und Mutter oder Vater drücken ihn schnell an den vertrauten Körper, doch dieses Mal passiert das Unfassbare: Er schreit lauter und lauter, aber es kommen immer nur neue, fremde Menschen in diesen kalten, ungemütlichen Raum, den er nie zuvor gesehen hat. Alles ist ihm fremd und sein Weinen kann nichts daran ändern. Eine Dreiviertelstunde schreit er, aber niemand kommt und spendet ihm Trost. Irgendwann kann Frederick nicht mehr. Alle Kraft weicht aus seinem Körper, er gibt auf und schläft erschöpft ein.

Nach der Operation bekommt die angespannte Mutter ihren Sohn zurück. Sie ist dankbar, dass alles gut gegangen ist, aber ihr Sohn wirkt verändert. Sein Schreien ist heftig und explosiv geworden. Der wohlige Körperkontakt, der ihm sonst sichtlich gutgetan hat, oder das Angebot ihrer Brust reichen nicht mehr aus, um ihn nachhaltig zu beruhigen. Schon kleinste Geräusche wie das Klappern der Tür lassen Frederick erschreckt hochfahren und führen zu einem untröstlichen Weinen. Fredericks Gesichtsausdruck wirkt jetzt angespannt und unglücklich. Sein Lächeln und das freudige Blitzen in seinen Augen sind kaum noch sichtbar.

Er schreit zu diesem Zeitpunkt nicht mehr, weil er müde ist oder Durst hat. Stillen sowie Zärtlichkeiten und Berührungen beruhigen ihn jetzt nicht mehr. Nein, seine Babytränen erzählen etwas über die Not, in der er sich befand, als er vor und nach der Operation von seinen Eltern getrennt war. Die Babyschreie teilen ihnen etwas mit über den Schrecken und die Aufregung, die er in der Vergangenheit bei seinem Klinikaufenthalt erfahren hat.

Wir müssen uns das so vorstellen: Ein guter Freund besucht Sie zu Hause. Wenige Minuten zuvor wurde er Zeuge eines Verkehrsunfalls, bei dem ein auf der Straße spielendes Kind von einem Auto angefahren wurde. Ihr Freund ist schockiert über das Erlebte und völlig aus der Fassung, weil er nicht helfen konnte. Kaum hat er die Schwelle zu Ihrer Wohnung übertreten, sprudeln die Worte nur so aus ihm heraus. Er überschlägt sich förmlich, während er die Ereignisse schildert, aber für Sie ergibt die Geschichte noch keinen so richtigen Sinn, zu zusammenhangslos sind die Fetzen seiner Erzählung. Ihr Freund zittert dabei wie Espenlaub und ist ausgesprochen verstört angesichts des entsetzlichen Erlebnisses. Als er berichtet, wie er das Kind blutüberströmt auf dem Boden liegen gesehen habe, steigen ihm die zurückgehaltenen Tränen in die Augen.

Was würden Sie tun, wenn ihr bester Freund dort auf dem Sofa sitzt und seinen Gefühlen freien Lauf lassen möchte? Wäre es der richtige Zeitpunkt, um einen Kaffee zuzubereiten? Wäre es angebracht, wenn Sie ihm jetzt, wo er schluchzend neben Ihnen hockt, von dem schönen Kinofilm erzählen, den sie am Abend zuvor gesehen haben? Ich glaube, wir sind uns schnell einig darin, dass dies unpassend sei und nur dazu führen würde, dass ihr Freund sich Ihnen mit seinen Gefühlen nicht mehr anvertrauen würde.

Was Ihrem Freund in solch einem Moment wirklich helfen würde, wäre eine tröstliche, verbundene und verständnisvolle Geste. Vielleicht setzen Sie sich einfach neben ihn, reichen ihm die Hand oder legen ihm Ihren Arm um die Schulter. Sie hüllen ihn mit liebevollen Gesten ein wie in eine wärmende Decke. Wichtig ist jetzt, dass Sie nicht ständig reden oder ihn von all dem erlebten Schrecken ablenken wollen. Am besten wäre es, Sie lassen die Dinge geschehen, damit der Schreck sich lösen kann. Am besten sind Sie einfach nur für ihn da!

Babys, die ihre erschreckenden Geschichten erzählen, wollen genau das: Sie wollen einen Menschen bei sich haben, der zuhört und anwesend ist. Dieser Begleiter hat nicht die Aufgabe, das Geschehene ungeschehen zu machen, vielmehr soll er einfach tröstender Zeuge und haltendes Gefäß für das Weinen des Babys sein. Solche schlimmen Körpererinnerungen schütteln kleine wie große Menschen gleichermaßen durch. Also ist es gut, wenn wir nicht alleine sind.

Im Fall von Frederick war es für die Eltern schwierig, diese Haltung einzunehmen. Jedes Mal, wenn Frederick bitterlich schrie, stiegen Schuldgefühle in ihnen auf. Sie machten sich Vorwürfe, dass sie es zugelassen hatten, dass ihr Sohn eine so lange Zeit alleine und schreiend im Vorbereitungsraum des OP-Saals hatte zubringen müssen. Sobald das Schreien von Frederick begann, tauchten vor dem inneren Auge der Mutter die Bilder von der Klinik auf. Sie sah sich selbst wieder starr vor Entsetzen auf dem Flur stehen, während ihr geliebter kleiner Junge hinter der Metalltür tobte und schrie, als ob es um sein Leben gehe. Jeder seiner Schreianfälle führte dazu, dass sich die Mutter augenblicklich wieder innerlich mit dem erlebten Schrecken verbunden fühlte.

Es fällt nicht schwer, sich vorzustellen, dass ein Mensch in einer solch körperlich und emotional schwierigen und angestrengten Verfassung kein Halt gebender und tröstender Begleiter für ein weinendes Baby sein kann, das gerade seine erschütternde Geschichte erzählt, wie es das erste Mal von seinen Eltern getrennt wurde.

Der Verlust der goldenen Mitte

Das gerade beschriebene Fallbeispiel eines Babyweinens umreißt ein Phänomen, das in der Kinderheilkunde als Regulationsstörung bezeichnet wird. Wichtigstes Zeichen hierfür ist, dass das betreffende Baby selbst mithilfe seiner erwachsenen Begleiter nicht mehr in der Lage ist, seine Verhaltens- und Erregungszustände wieder in eine gute Mittellage zu bringen. Frederick reagierte nach dem Klinikereignis sehr reizbar auf alles Neue und Unbekannte. Er wollte plötzlich den Körper seiner Mutter überhaupt nicht mehr verlassen. Wenn dies doch mal geschah, hatte er keinerlei Toleranz mehr dafür und geriet unmittelbar aus der Fassung, schrie bitterlich und ließ sich durch nichts mehr beruhigen. Dieses Verhalten hatte er vor der OP-Erfahrung nicht gezeigt.

Ein typisches Zeichen von exzessiv schreienden Babys ist, dass sie nur eine minimale Toleranz für Stress zeigen und sich beim Schreien kaum mehr beruhigen lassen. Unmittelbar vor den Schreiphasen wirken sie unbeteiligt und abgeschottet. Auch bei Frederick war dies der Fall. Tagsüber wirkte seine Körpersprache nun ganz verschlossen und eingefroren. Seine zuvor stark ausgeprägte Neugierde war verschwunden. Wollte seine Mutter ihn in den Unruhezeiten durch Spielzeug und Rasseln ablenken, funktionierte das nur kurzfristig. Schon bald ließ sein Interesse nach und die Unruhe steigerte sich weiter. Schlug die Stimmung erst einmal um, dann war Frederick in wenigen Sekunden völlig außer sich, erregt und irgendwie »auf der Palme«. Sein Schreien überschlug sich. In diesen Augenblicken war er kaum noch ansprechbar, sein Atem setzte aus und er schien komplett in seinem »inneren« Film gefangen zu sein.

Es ist kennzeichnend für Schreibabys, dass es ihnen an der »goldenen Mitte« fehlt. Es fällt ihnen schwer, die sie umgebende Umwelt ruhig zu erleben und in sich aufzunehmen. Das haltlose Schreien ist Ausdruck für den Verlust einer lebendigen Schwingungsfähigkeit ihres Organismus. Ihre Schreiattacken sind verzweifelte Versuche, die innere Erstarrung und Blockade zu überwinden. Ausgangspunkt dieser Reaktion ist sehr häufig ein traumatisch wirkender Bindungsverlust, wie im Beispiel von Frederick beschrieben.

Der Körper erinnert sich

Wie wir heute durch die Ergebnisse der modernen Traumaforschung wissen, werden frühe körperliche, emotionale und bindungsorientierte Verletzungen von Säuglingen – wie im Fall von Frederick – in ihrem Körpergedächtnis eingeschrieben. Danach können scheinbar harmlose Auslöser wie ein lautes Geräusch, plötzliche Lageveränderungen, die Trennung von den wichtigsten Bezugspersonen, spezifische Gerüche und vieles mehr die alten Stresssituationen und die daran geknüpften Gefühle und Körperzustände wieder zum Leben erwecken. Häufig geht dies mit einem enormen Erregungssturm einher. Für das Baby ist es so, als wäre es zurückversetzt worden in den »alten Film«. Es schreit in größter Verzweiflung, ist komplett außer sich und in einem Zustand größter Not (Levine, 2011; van der Kolk, 2017).

Die Geschichte eines alten Mannes aus meiner direkten Nachbarschaft soll die Sache noch etwas verdeutlichen. Er ist mittlerweile über 90 Jahre alt und trotz seines hohen Alters ein sehr rüstiger und fleißiger Mann. Jeden Morgen geht er nach wie vor in seinen Garten, füttert seine Tauben und Kanarienvögel oder repariert Kleinigkeiten an seinem Häuschen. Nur in den Tagen zwischen Weihnachten und Neujahr geht es ihm nicht gut. Bei uns werden dann sehr viele Knallkörper abgefeuert und es rumst und knallt bis spät in die Nacht hinein. Was für die Jugendlichen im Ort eine große Gaudi ist, wird für unseren alten Mann zum Albtraum. In diesen Tagen sieht er meistens bedrückt, blass und eingefallen aus.

Als ich ihn eines Tages darauf anspreche, erzählt er mir, wie er als junger Mann im Zweiten Weltkrieg in der Normandie mit seiner Kompanie von den Amerikanern eingekesselt worden sei. Viele seiner Freunde seien in diesen Nächten neben ihm verstorben und er habe jeden Tag dafür gebetet, dieses Inferno als lebender Mann zu verlassen. Dieser warmherzige Mann erlebt das Silvesterfest und die damit verbundene Knallerei wie eine Rückkehr zu den Schrecken des Krieges. Das Donnern der Knallkörper stimuliert sein Körpergedächtnis und für viele Stunden ist es für ihn so, als liege er wieder ohnmächtig und verzweifelt im Schützengraben an der Front. Er erzählte mir, wie sein Körper dann genauso wie damals zittere und vibriere. Er habe dann keine Kontrolle mehr über sich und fühle sich dann tatsächlich wieder so, als habe sein letztes Stündchen geschlagen.

Auch in dem beschriebenen Fall von Baby Frederick reichen scheinbare Kleinigkeiten aus, um die Trennungserlebnisse aus der Klinik wieder neu zum Leben zu erwecken. Die Mutter berichtete, dass es manchmal schon genüge, den Jungen nur kurz auf den Wickeltisch abzulegen. Danach setze ein haltloses Weinen ein, das für eine halbe Stunde nicht mehr zu stoppen sei. Ein andermal habe sie mit Frederick zum Arzt gemusst für eine nochmalige Blutabnahme. Bereits beim Betreten des Behandlungsraumes mit den Krankenschwestern in ihren weißen Kitteln habe es für Frederick kein Halten mehr gegeben. Er habe geschrien, sich überstreckt und schien in einem finsteren Tunnel von überwältigenden Gefühlen gefangen zu sein.

In Fredericks Fall konnten die Eltern durchaus noch nachvollziehen, dass sein heftiges Schreien mit der überwältigenden Trennungserfahrung in der Klinik verbunden war. Es ist für Eltern häufig schwerer zu akzeptieren, dass ihr Baby schon in der ersten Zeit vor und während der Geburt ähnliche Verletzungen und Bindungsabbrüche erleben kann, die sich dann in untröstlichen Schreiphasen zeigen.

Stress in der Schwangerschaft

Nachvollziehbar ist für die meisten Menschen noch, dass ein Baby protestiert, wenn es von seinen wichtigsten Bindungspartnern getrennt wird. Bisher habe ich nur von nachgeburtlichen Trennungen gesprochen. Wie wir heute wissen, können derartige Beziehungsabrisse allerdings auch schon in der Zeit während der Schwangerschaft und Geburt stattfinden.

Neuste Ergebnisse in der Bindungsforschung sowie in der vorgeburtlichen Psychologie zeigen nachweislich, dass bereits das ungeborene Kind an den Gefühlen und Körperzuständen seiner Mutter intensiv teilnimmt, denn ein Ungeborenes kann die Gefühle seiner Mutter noch nicht von seinen eigenen unterscheiden. Alles, was die Mutter erlebt, wird ungefiltert auch zum Erleben des Fötus im Bauch, der emotional, körperlich und hormonell mit der Mutter verwoben ist. Mit dem heutigen Wissen können wir davon ausgehen, dass das Ungeborene schon ab der Empfängnis, in der sich Ei und Samenzelle verbinden, auf komplexe emotionale und körperliche Weise mit seiner Umwelt in Beziehung steht (Janus, 2011).

So ist es für das Ungeborene von großer Bedeutung, in welchem Milieu und Kontext es die ersten neun Monate lang im Bauch seiner Mutter lebt. Auswirkungen hat es beispielsweise auf Mutter und Fötus, wenn die werdende Mutter nicht sicher ist, ob das empfangene Kind überhaupt überleben wird – ein häufiger Fall bei Frauen, die bereits mehrere Fehlgeburten erlebt haben. Oftmals haben sie Sorge und Angst vor frühen Blutungen, die bereits in früheren Schwangerschaften der Fehlgeburt vorausgingen. Frauen mit derartigen Erfahrungen sind häufig emotional überwältigt worden vom plötzlichen Verlust des bereits ins Herz geschlossenen ungeborenen und dann verlorenen Babys. Eine Folge ist nicht selten, dass die Mütter bei der nächsten Schwangerschaft eine Schutzhaltung einnehmen. Ich habe in den Sprechstunden häufig Berichte gehört von Müttern, die sich in den ersten Monaten nach einem positiven Schwangerschaftstest oft so verhielten, als seien sie gar nicht schwanger. Auf diese Weise halten sich Betroffene eine Reihe von bedrängenden und angstvollen Gefühlen vor einem erneuten Kindesverlust vom Leibe. Durch diese Schutzhaltung fühlt sich die eigentlich hoffnungsvolle Mutter überhaupt erst fähig, den sorgenvollen Start in die Schwangerschaft auszuhalten. Aber was bedeutet dieser Beginn für das ungeborene Kind, wenn die Mutter sich über Monate hinweg nicht traut, mit ihrem Kind im Bauch Kontakt aufzunehmen?

Wie ich schon sagte: Babys sind Meister darin, unbewusste oder nicht wahrgenommene Gefühle und Selbstanteile der Erwachsenen aufzuspüren und zum Ausdruck zu bringen. Der schwangeren Frau mag es gelingen, ihre Ängste und Sorgen zu verdrängen und dadurch weniger wahrzunehmen, dennoch sind die Spannungen aufgrund dieses unterdrückten und belastenden Zustands im Körper weiterhin vorhanden. Auch das Baby im Bauch wird von diesen nicht wahrgenommenen Gefühlen der Mutter (und auch des Vaters) atmosphärisch erfasst. All dies geschieht ohne Worte – durch die bloße Übertragung von Stimmungen.

Vergleichbar ist dies vielleicht mit der folgenden Situation: Nehmen wir mal an, Sie sind zu Besuch bei einem befreundeten Paar, das sich noch wenige Minuten vor Ihrem Erscheinen mächtig gestritten hat. Als Sie dann an der Tür stehen und klingeln, reißen die beiden sich abrupt zusammen, wischen die Tränen aus dem Gesicht und bringen ihre Kleidung wieder in Form. Aber obwohl die Freunde Sie wie gewohnt freundlich begrüßen, spüren Sie deutlich, dass etwas nicht stimmt. Es durchflutet sie eine innere Unruhe und Spannung und Sie fühlen sich nicht wohl in ihrer Haut. Sie können dieses Gefühl zwar nicht zuordnen, aber Ihnen ist klar, dass hier heute etwas anders ist. Der Streit und all die damit einhergehenden Gefühle schwirren noch in der Luft und im Körpererleben Ihrer Freunde. Obwohl Ihre Gastgeber sich alle Mühe geben, das Geschehene zu überspielen, rumort es in der Tiefe. All die Wut und Verletzungen, die gerade noch hochgekocht sind, nehmen Sie jetzt als Stimmung in ihrem eigenen Körper wahr. Die gesamte Atmosphäre ist beklemmend und am liebsten würden Sie sich der unangenehmen Situation, in der Sie sich gerade befinden, entziehen. Da Sie sich nicht anders zu helfen wissen, fassen Sie sich schließlich ein Herz, sprechen über Ihre Empfindungen und fragen Ihre Freunde, ob irgendetwas passiert sei. Und nun beginnt das Paar, erst zögerlich, aber dann sichtlich erleichtert, über den Streit vor Ihrem Kommen zu berichten. Sie erhalten dadurch die Gelegenheit, das Erlebte einzuordnen und dadurch zu integrieren. Die Spannung lässt nach und Sie fühlen sich wieder wohler.

Ungeborene nehmen die emotionalen Stimmungen ihrer Mütter und Väter ganz ähnlich wahr. Nur haben sie keine Möglichkeit, sich diesen Lebensbedingungen zu entziehen. Ab einer bestimmten Entwicklungsphase kann das ungeborene Kind zwar heftig strampeln und den Stress in Bewegung umsetzen, aber definitiv nicht fliehen und schon gar nicht dagegen ankämpfen, wenn es sich belastet und gestresst fühlt.

Möglicherweise machen Sie sich jetzt Sorgen und bekommen Schuldgefühle angesichts dieser letzten Ausführungen. Vielleicht erinnern Sie sich an Ereignisse, die in der Schwangerschaft für Sie und Ihren Partner belastend und schlimm waren. Sie werden sich nun vielleicht fragen, welche Auswirkungen das womöglich für Ihr Baby hatte. Und vielleicht fangen Sie schon an, erste Verbindungen zwischen dem Weinen Ihres Babys und diesen Stresszuständen in der Schwangerschaft zu ziehen. An dieser

Stelle möchte ich Sie kurz bitten, innezuhalten und den nächsten Gedanken zu folgen. Es ist nicht so, dass jedes belastende Ereignis während der Schwangerschaft gleich zu einem Bindungsabbruch führen muss. Stress ist an sich nichts Schlimmes, er ist ein integraler Teil unseres Lebens.

Problematisch und ungemütlich wird es für Sie und Ihr ungeborenes Kind erst dann, wenn der Stress- und Spannungszustand dauerhaft anhält und sich nicht auflösen lässt. Beispiele für dauerhafte Belastungen während der Schwangerschaft können Geldsorgen, massive Zukunftsängste oder auch beruflicher Stress der Eltern sein.

Ein negativer Einfluss auf die Beziehungsqualität in der Schwangerschaft kann beispielsweise auch eine psychische Erkrankung der Mutter oder des Partners sein. So können diagnostizierte oder auch unbehandelte Angststörungen, posttraumatische Belastungen oder depressive Episoden die vorgeburtliche Beziehung zum Kind empfindlich stören.

Neben chronischen Belastungen gibt es auch einmalige Ereignisse wie zum Beispiel einen Verkehrsunfall oder eine einsetzende Schwangerschaftsblutung, die von einer Sekunde auf die andere enormen Stress auslösen. Das Typische an diesen Begebenheiten ist, dass sie plötzlich und unerwartet passieren. Mit großer Wahrscheinlichkeit fährt Ihnen ein mächtiger Schrecken in die Knochen, der andauert, sollte er sich nicht wieder lösen.

Beispiele für einen solchen plötzlichen Beziehungsabbruch in der Schwangerschaft sind die Nachricht von der unheilbaren Erkrankung eines nahen Verwandten oder Freundes oder ein unerwartetes Ergebnis bei einer Pränataldiagnostik, bei der der Arzt Ihnen mitteilt, dass er eine schwere Erkrankung oder eine spätere Behinderung Ihres Kindes nicht ausschließen könne. Solche Nachrichten schlagen ein wie eine Bombe. Von einer Sekunde auf die andere verlieren die Eltern den Boden unter den Füßen und alles erscheint in einem anderen Licht.

Erinnern Sie sich noch mal an das Schema des autonomen Nervensystems. In den beschriebenen Situationen übernimmt jener Zweig die Führung, der sonst nur in lebensbedrohlichen Momenten auf den Plan tritt. Für einen kurzen Augenblick stehen Sie nach solch einer Nachricht völlig neben sich, spüren nichts mehr, sind taub, obwohl es im Inneren Ihres Körpers nur so tobt. Sie haben die Verbindung zu Ihrer Körperwahrnehmung verloren.

Aus Erfahrungen in der Eltern-Baby-Psychotherapie wissen wir, dass die ungeborenen Kinder diesen Kontaktverlust ihrer Mütter voll miterleben und schutzlos dem Erregungs- und Gefühlssturm ausgesetzt sind. Die emotionale Wucht dieses Erlebens wirkt im Fötus also in doppelter Weise: Einerseits identifiziert es sich mit dem Stress der Mutter; andererseits verliert es in genau dem Moment den Beziehungsfaden zur Mutter, in dem auch sie die Verbindung zum eigenen Körpererleben verliert. Das Baby ist abgekoppelt. Diesen Zustand erlebt es wie ein schwarzes Loch, vor ihm tut sich ein großes Nichts auf.

Aber auch erschreckende Erlebnisse gehören zum Leben dazu und sind nicht immer gleichbedeutend mit einer traumatisch wirkenden Erfahrung. Schwierig wird es erst dann, wenn es Ihnen als betroffene Schwangere nicht mehr gelingt, den erlebten Schrecken aus Ihrem Körper wieder loszuwerden. Oftmals löst sich diese Spannung ganz von alleine. Sie haben die schwierige Botschaft bei der Untersuchung gehört und verlassen die Praxis. Eine Weile fühlen Sie sich noch ganz benommen, aber dann setzen Sie sich mit Ihrem Partner auf eine Parkbank. Sie legen den Kopf an seine Schulter und plötzlich kommen Ihre aufgestauten und erstarrten Gefühle an die Oberfläche. Ihr Körper beginnt zu beben und sie weinen und schluchzen für einige Minuten hemmungslos. Und Sie merken wie alles in Ihnen wieder weich und nachgiebig wird. Super! Ihr Organismus betreibt gerade eine Selbstreinigung. Es ist ein bisschen wie ein reinigendes Sommergewitter.

Das Problem ist zwar nicht gelöst, aber Sie können wieder loslassen und durchatmen. Wenn es Ihnen gelingt, den Stress einer Schrecklähmung in dieser Weise zu lösen, ist das nicht nur für Sie gut, sondern auch Ihr Baby wird sich bedanken, da es sie wieder spüren kann und in Ihnen wieder den sicheren Hafen findet, den es braucht.

Stress während der Geburt

Viele Menschen gehen davon aus, dass die Geburt für das Baby eine ziemlich passive Angelegenheit sei, schließlich mache die Mutter während der Wehen die ganze Arbeit: Sie stöhnt und presst unter Schmerzen das Kind aus ihrem Becken heraus. Doch dies ist ein Irrglaube. Das Baby hilft aktiv mit, es hat eigene Geburtsbewegungen, es sucht mit nach einem optimalen Geburtsweg. Mutter und Kind arbeiten wie ziemlich beste Freunde Hand in Hand und passen wie Schlüssel und Schloss perfekt zusammen. Sie haben ein gemeinsames Ziel: die Eroberung des neuen Lebensortes, an dem sie ihre einzigartige Geschichte gemeinsam fortsetzen können.

Aus der Säuglingsforschung wissen wir, wie überaus kompetent Babys von der ersten Lebenssekunde an sind. Sie interagieren mit ihren Partnern, sie nehmen ihre Umwelt sehr differenziert und vielfältig wahr und drücken, sobald sie das Licht der Welt erblicken, eine enorme Bandbreite an Gefühlen aus. Sie sind sozial und interessiert an ihrer Umwelt.

Vieles von dem, was ich bereits im vorherigen Abschnitt »Stress in der Schwangerschaft« beschrieben habe, ist auch für das Erleben während der Geburt bedeutsam. Das Baby nimmt auch jetzt alle Gefühls- und Körperzustände der Mutter in sich auf und teilt sie. Heutige Erkenntnisse aus der vorgeburtlichen Psychologie deuten in die Richtung, dass Babys während der Geburt genau mitbekommen, ob die Anwesenden von Angst überflutet werden oder ob die Mutter den Modus der Körperwahrnehmung verlässt, weil Schmerz und Anstrengung zu stark werden. Babys erleben aber auch die Mutter, die mit entsprechender Unterstützung – trotz all der Geburtsschmerzen – immer wieder in einen Zustand der Entspannung und des Wohlgefühls zurückkehren kann.

Babys »berichten« durch ihre Körpersprache in den Babytherapien sehr präzise darüber, in welcher Phase der Geburt die Mutter aufgrund überwältigenden Stresserlebens die Verbindung zu sich und ihrem Körper verloren hat. In der Traumapsychologie sprechen wir dann von einem Zustand der Dissoziation. Viele Frauen erzählen, dass sie an einem bestimmten Punkt der Geburt »nicht mehr konnten« oder »nicht mehr wollten« oder Hoffnung und Zuversicht verloren haben. Die Folge ist ein sich ausbreitendes Gefühl des Aufgebens. Viele Frauen können diesen Moment rückblickend oft sehr genau benennen und lokalisieren. Ab diesem Punkt veränderte sich das bis dahin herausfordernde Stresserleben zu einem Gefühl der Überwältigung. Diesem Zuvielwerden folgt ein Körpergefühl des Betäubtseins. Die Mütter beschreiben einen Zustand von Gleichgültigkeit, sie fühlten sich nicht mehr am Geburtsgeschehen beteiligt.

Was erleben nun die Babys, wenn sich die Mutter in diesem überwältigenden Augenblick von ihrem Körper trennt? Tatsächlich spricht vieles dafür, dass sie den Verlust der körperlichen Selbstbeziehung ebenfalls als erschreckend wahrnehmen. Dem Baby fehlt abrupt die Antwort der Mutter. Das hat Auswirkungen auf das Zusammenspiel von mütterlicher Wehentätigkeit und Eigenbewegungen des Ungeborenen, das weniger gut oder gar nicht mehr gelingt, sollte es während der Geburtsbelastungen zum Verlust der inneren Körperverbindung kommen. Mit dem inneren Kontaktverlust geht für die Betroffenen zeitgleich auch die körperliche und emotionale Abstimmung mit dem Kind verloren. Das Kind ist jetzt auf der aufregendsten Reise seines Lebens auf sich alleine gestellt, vollkommen abgeschnitten von seiner wichtigsten Umwelt. Vielleicht macht hier der Begriff des »Mutterseelenalleinseins« tatsächlich einen tieferen Sinn.

Babys können auf diese überwältigende Erfahrung nur mit einer »Flucht nach innen« antworten. Was sollten Sie auch sonst tun? Sie können weder fliehen noch kämpfen, noch können sie die Situation anderweitig verändern. Es bleibt einzig der Rückzug ins Innere, um die Situation zu überleben. Diese schmerzhaften und überbordenden Geburtserfahrungen werden nun Teil des kindlichen Körpergedächtnisses.

Bei den hier dargestellten Zusammenhängen wird davon ausgegangen, dass Mütter manchmal während der Geburt real erfahren müssen, dass ihre eigenen noch im erträglichen Rahmen liegenden Grenzen überschritten werden. Wir wissen heute aber auch durch unsere babytherapeutischen Erfahrungen, dass das Ungeborene manchmal Dinge als belastend erlebt, die für die beteiligte Mutter noch völlig okay sind.

So kann es für eine Frau ein erlebter Segen sein, wenn sie ihr Kind aufgrund eigener gesundheitlicher Risiken bei einer natürlichen Geburt durch einen Kaiserschnitt zur Welt bringen kann. Für sie mag die Operation eine große Erleichterung sein (in anderen Zeiten wäre sie unter Umständen mit der gleichen Diagnose bei der Geburt gestorben!), aber für das ungeborene Kind stellt sich die Sache möglicherweise komplett anders dar. Das Kind erlebt keine Wehen wie in der physiologischen Geburt, ihm fehlt die Anregung durch die Geburtsmassage und zumeist findet ein Kaiserschnitt unter zeitlichem Druck statt. Innerhalb weniger Minuten wird das Kind aus der Gebärmutterhöhle entnommen. Alles geschieht sehr plötzlich, ohne dass das Baby sich darauf vorbereiten kann. Dieses enorme Tempo führt zu einem sogenannten Beschleunigungsschock, der das Baby erstarren lässt. Es ist ein erster prägender Eindruck von der Welt, auf die sich sein Körper noch nicht einstellen konnte.

Später kann der eingefrorene Schrecken dieser beschleunigten Sectio-Erfahrung durch scheinbar harmlose Anlässe wieder zum Leben erweckt werden. Vielen Kaiserschnittbabys macht es zu schaffen, wenn später in Ihrem Babyleben immer alles schnell gehen muss. Sie kennen die folgende Situation sicher: Sie sind in Eile und müssen noch schnell kurz vor Geschäftsschluss eine Besorgung machen. Hektisch suchen Sie die Sachen zusammen und wollen in hohem Tempo Ihrem Baby den Body und das Mützchen überstreifen. Plötzlich schreit Ihr Baby los.

Diese Szene kann für Ihr Baby ausreichen, um eine Körpererinnerung an eine erschreckende Erfahrung zu haben. Objektiv erinnert nichts an die Kaiserschnitterfahrung und aus Ihrer Sicht ist alles in bester Ordnung, allerdings wirkt die plötzliche Beschleunigung wie ein »Trigger« (Auslöser) für den eingekapselten Geburtsstress Ihres Kindes. Die ganze Not, die es damals durchleben musste, wird plötzlich zum Leben erweckt. Ihre Hektik löst ein Feuerwerk von Stress in Ihrem Kind aus, der dem vergleichbar ist, was mein Nachbar erlebt, wenn die Silvesterböller seinen Kriegstraumatisierungen neues Leben einhauchen. Ohne das Hintergrundwissen um die damals gemachte Erfahrung erscheinen diese heftigen emotionalen Reaktionen Ihres Kindes komplett unverständlich.

Dieses Beispiel steht stellvertretend für viele andere Geburtseingriffe, die für das ungeborene Baby mit außerordentlich viel Stress verbunden waren. Es würde an dieser Stelle zu weit führen, wenn ich die unterschiedlichen Aspekte des kindlichen Geburtsstresses im Detail besprechen würde. Deshalb begnüge ich mich hier mit einer Auflistung von geburtshilflichen Situationen, die für das Kind zu einer großen Belastung werden können (auch dann, wenn die Eltern dies nicht synchronisiert in gleicher Heftigkeit erleben müssen!):

- Dissoziation der Mütter durch überwältigenden Stress/Schmerz
- langes Steckenbleiben des Kindes während der Geburt (Verlust der Eigenwirksamkeit)
- externe Erhöhung des Geburtstempos durch Medikamentengabe (z. B. Wehentropf), sturzartige Geburten oder Schnittentbindungen
- geburtsinstrumentelle Eingriffe durch Einsatz von Saugglocke und/oder Zange
- Sauerstoffunterversorgungen aufgrund erhöhten Stressaufkommens oder Nabelschnurverschlingungen

- ➢ direkte Trennung von Mutter, Vater und Kind nach der Geburt aufgrund von medizinischen Komplikationen

Fassen wir also zusammen:

- ➢ Das untröstliche Babyschreien kann Teil einer Körpererinnerung des Kindes sein und mit überwältigendem und nicht verdautem Stress während der Geburt zusammenhängen.
- ➢ Während des Erinnerungsschreiens erlebt das Baby kurzfristig jene Not, die es auch in den schwierigen Momenten während der Geburt erlebt hat.
- ➢ Die überwältigenden Erfahrungen des Kindes sind in sein Körpergedächtnis eingeschrieben und können durch bestimmte Auslöser (»Trigger«) wieder zum Leben erweckt werden.

Teil II
Eltern in der Krise

9 Mit dem Rücken zur Wand

Wenn ein Säugling viele Stunden am Tag schreit und sich auch von liebevollen Beziehungs- und Pflegeangeboten nicht mehr beruhigen lässt, entsteht schnell eine explosive und ohnmächtige Gefühlslage aufseiten der Eltern. Obwohl sie alles versuchen, sich 24 Stunden am Tag aufopfern, die Nacht zum Tage machen, scheinen sie zu ihrem Baby nicht durchzudringen, unberührt von ihren Bemühungen schreit es nach wie vor ohne absehbares Ende. Den betroffenen Eltern kommt es vor, als würden jegliche Anstrengungen am Kind abperlen wie Wasser an einer eingeölten Oberfläche. Verständlicherweise machen sich unter dieser Erfahrung bei den Eltern Gefühle von Ohnmacht, Rat- und Orientierungslosigkeit breit. Wer es nicht erlebt hat, kann kaum nachfühlen, wie enorm die emotionale Bedrängnis ist, wenn sich das Schreien ihres Kindes nicht mehr entschlüsseln und beeinflussen lässt.

Durch meine therapeutische Arbeit in der Eltern-Baby-Ambulanz in Bremen erfahre ich regelmäßig, wie sonst gut aufgestellte Eltern schon nach wenigen Wochen erschöpft, entmutigt und mit den Nerven am Ende sind. Sie sind dem Schreien ihres Babys über lange Phasen ausgesetzt, ohne ihm wirklich helfen zu können. Dabei wünschen sie sich nur, dass ihr Baby sich in ihren Armen wohlfühlen und den Kontakt in vollen Zügen genießen kann. Sie möchten mit ihrem Neugeborenen das Gefühl von Freude teilen und nicht tagaus, tagein von Sorgen geplagt werden. Viele Eltern haben in einer solchen Krise nicht die Spur einer Ahnung, wie sie mit ihrem Kind an diesen Punkt geraten konnten. Sie sehen keinen Ausweg mehr aus diesem Dilemma. Wie alle Eltern sehnen sie sich nach einem friedvollen und erfüllenden Zusammensein mit dem Kind.

Im Folgenden möchte ich die wichtigsten Krisensymptome vorstellen, die häufig entstehen, wenn Eltern die Körper- und Verhaltensbotschaften ihres Kindes nicht mehr verstehen. Nicht alle Symptome treten in jeder nachgeburtlichen Krise auf, doch Eltern werden hier einiges wiederfinden, was ihnen aus emotional aufwühlenden Situationen mit ihrem Baby bekannt ist.

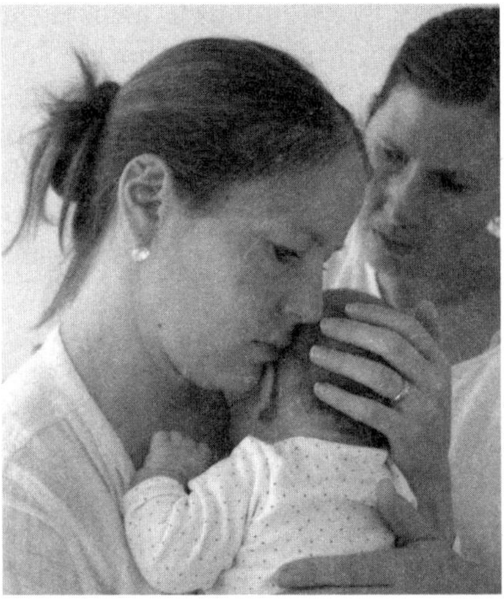

Abb. 8: Eltern mit dem Rücken zur Wand

Der Verlust der Langsamkeit

Gelingt es Eltern nicht mehr, die Ausdruckssprache ihres Säuglings zu entschlüsseln, tauchen immer Unsicherheit und Sorge auf, sodass alle Abläufe und Pflegeangebote schnell etwas Hektisches bekommen. Einmal beobachtete ich eine junge Mutter in einem Café, die ihren schreienden Säugling aus dem Kinderwagen hob. Sie sah sehr besorgt aus und der Art und Weise, wie sie ihr Baby auf den Arm nahm, fehlte jede Überzeugung. Ihr Körperausdruck strahlte Aussichtslosigkeit aus: hängende Schultern, ein müder Gesichtsausdruck ohne Zuversicht, dass die Unternehmung zu einem glücklichen Ende führen könnte. Obwohl die Mutter ihr Baby in den Armen wiegte, stieg die Intensität des Babyschreiens an. Die junge Frau beschleunigte daraufhin den Rhythmus, in dem sie das Baby schaukelte. Als sich das Baby auch dadurch nicht beruhigen ließ, hielt sie es auf ihrem Sitz nicht mehr aus. Sie sprang auf und lief in großer Aufregung und mit angestrengter Miene zwischen den Tischen des Cafés auf und ab. Ihre Bewegungen wurden fahrig, in der Hoffnung das ruckartige Schaukeln würde dem Schreien ihres Babys ein Ende setzen.

Die Mutter verlor zusehends den emotionalen Draht zu ihrem Baby, gleichzeitig nahmen ihr Stress und das eigene Erleben von Unsicherheit zu. Es fiel ihr sichtlich immer schwerer, sich noch liebevoll auf die Gefühlslage ihres schreienden Babys einzustellen. Ihre Bindungsangebote liefen ins Leere und sie suchte sich neue Kanäle. Hektisches Schaukeln und Hin-und-her-Laufen erschienen ihr als letzte Handlungsmöglichkeit.

Durch meine Arbeitserfahrung mit betroffenen Eltern weiß ich, dass diese typischen schnellen Bewegungen, mit denen das Baby beruhigt werden soll, tatsächlich einen Nutzen haben. Offensichtlich hilft es dem Baby zwar nicht, aber solange die Eltern in Bewegung sind, werden negative Gefühlszustände wie Angst oder Wut, die sie in ihrer Hilflosigkeit erleben, gebunden. Betriebsamkeit und Aktivität helfen den verunsicherten Eltern dabei, sich die bewusst oder unbewusst auftauchenden, bedrängenden Gefühle vom Leibe zu halten.

In meiner praktischen Arbeit beobachte ich oft, dass bei dem Verlust der emotionalen Abstimmung zwischen den Eltern und ihren Säuglingen das Maß der Erregung – man könnte auch Aufregung sagen – bedrohlich steigt. Diesen Zuwachs an innerer Erregung nehmen die betroffenen Eltern als »aufgeregte und flirrende Energie« in sich wahr, so als hätten sie »Hummeln im Hintern«. Sie beschreiben die Unmöglichkeit, still sitzen bleiben zu können, während ihr Baby bitterlich in ihren Armen weint. Grund hierfür ist meiner Ansicht nach, dass die ungenutzte Kraft oder auch Energie, die einer Bindungsbeziehung zugrunde liegt, im Bindungsverlust zum Kind ihr Gesicht verändert und als Aufregung und Beschleunigung wieder die Bühne betritt. Meine These ist, dass anhaltender Bindungsverlust somit untrennbar verknüpft mit dem Verlust der Langsamkeit ist.

Immer auf der Hut

Eltern von exzessiv schreienden Säuglingen berichten mir regelmäßig, dass es ihnen nicht mehr gelingt, sich im Alltag auch mal entspannt zurückzulehnen. Nach einer längeren Phase der Hilflosigkeit sind sie ständig auf dem Sprung und erwarten jeden Moment die nächste Welle von Stress und Babyschreien, die sie in die nächste Hilflosigkeitswelle stürzt. Sie geraten in einen Spannungszustand, in dem sie permanent etwas Bedrohliches erwarten, selbst wenn das Baby gerade mal schläft oder mit offenen Augen entspannt in ihren Armen liegt. Sie sind nicht mehr in der Lage, sich von dieser gespannten Aufmerksamkeit zu lösen. Das führt dazu, dass sie sich nicht mehr regenerieren können, weil sie ununterbrochen auf ihr Kind fokussiert sind.

Die Fähigkeit, seine Aufmerksamkeit zu konzentrieren und nach außen zu lenken, ist eigentlich Teil einer natürlichen Orientierungsreaktion. Stellen Sie sich vor, Sie sind abends alleine in Ihrer Wohnung und hören plötzlich ein Rascheln an der Tür. Sie halten natürlicherweise sofort inne und richten Ihre Aufmerksamkeit auf die Quelle der Geräusche. Ihre Aufmerksamkeitsspannung, die Teil einer allgemeinen Stressreaktion ist, ist untrennbar verbunden mit gesteigerter Erregung, dem Erleben von Unsicherheit oder Angst sowie einer erhöhten Körperspannung. Wenn Sie trotz mehrfachen Horchens keine weiteren Geräusche vernehmen, lehnen Sie sich wieder entspannt zurück, ziehen Ihre Sinnesantennen wieder ein und fahren mit der Aktivität fort, mit der Sie vor der Störung beschäftigt waren. Das Erleben von Sicherheit entspannt sofort den Kopf! Unsicherheit macht uns wach und richtet die Aufmerksamkeit nach außen.

Bei Eltern mit stundenlang schreienden Säuglingen wird diese Orientierungs- und Suchbewegung chronisch. Ständig verbleiben sie in einer Hab-Acht-Stellung und warten förmlich auf die nächste Schreiattacke ihres Babys. Dieser Zustand wird schnell so normal, dass die betroffenen Eltern oft gar nicht merken, dass sie in jedem Augenblick handlungsbereit sind.

> Silvia ist eine junge Mutter, deren vier Wochen alter Sohn Lukas mehrfach täglich heftige Schreiattacken hat. Auf die Intensität dieser Schreiphasen ihres Sohnes war Silvia nicht gefasst, als sie die Klinik nach der Geburt verließ. Sie freute sich auf eine kuschelige Zeit mit Lukas. Schon nach wenigen Tagen zu Hause steigerten sich die anfänglich noch harmlosen Weinepisoden ihres Sohnes zu regelrechten Ausbrüchen. Lukas' Schreiattacken verschärften sich derart, dass er ganz blau anlief und kurzzeitig keine Luft mehr bekam. Silvia hatte für einen Moment sogar Angst, er könne gänzlich aufhören zu atmen. Danach war sie ständig mit ihren Gedanken bei ihm. Unablässig lauerte sie auf Anspannungszeichen und befand sich in ständiger Bereitschaft, beim kleinsten Anzeichen sofort aufzuspringen, um Lukas wieder zum Atmen zu bewegen. Diesen Schrecken wollte sie nicht noch einmal mit ihrem Kind durchleben. Schlussendlich traute sich Silvia nicht mehr, alleine duschen zu gehen oder das Zimmer zu verlassen. Dauernd wollte sie ihr Kind im Blick behalten, fühlte ständig die Angst und Sorge, dass etwas Schlimmes passieren könne. Diese Situation belastete sie zunehmend, sie fühlte sich unfrei und ihr Kopf kam einfach nicht mehr zur Ruhe.

Der Stress der jungen Mutter ist aus der Beschreibung deutlich abzulesen. Heute wissen wir, was passiert, wenn wir uns in einem Dauerzustand konzentrierter Aufmerksamkeit befinden und sich das Gedankenkarussell in unserem Kopf nicht mehr anhalten lässt. Es ist bekannt, dass Menschen, die extremen Arbeitsbelastungen ausgesetzt sind, Phasen benötigen, in denen der Kopf nicht arbeiten und aktiv sein muss. Auch Sie als wichtiger Begleiter Ihres Kindes müssen unbedingt, den Kopf mal ausschalten. Eltern, denen dies nicht mehr gelingt, laufen Gefahr, ihre Energieressourcen zu erschöpfen und in ihrer Erziehungsarbeit zu verbrennen.

Eltern ohne Zentrum

Befinden sich Eltern von besonders unruhigen Säuglingen in einem permanent gespannten Aufmerksamkeitszustand, zeigt sich ein weiteres Problem bezüglich der Aufmerksamkeitsorientierung. Die Eltern sind oftmals sehr gebannt von den Verhaltensweisen ihrer Kinder. Natürlich ist ihr Wunsch, sich selbst und ihr Baby vor schmerzlichen Gefühlen zu schützen. In diesem – gut gemeinten – Sinne klebt ihre übermäßige Aufmerksamkeit förmlich an ihrem Baby wie ein Saugnapf. Jede Aktion, jede Bewegung und jeder Laut wird aufgenommen und entsprechend bewertet. Sie verfolgen das Verhalten ihres Babys mit Argusaugen. Ihre Aufmerksamkeit ist dabei ständig nach außen gerichtet. Dennoch sitzen sie nach der nächsten Schreiphase genauso ratlos da wie zuvor und versuchen sich einen Reim daraus zu machen, warum ihr Kind erneut lauthals zu schreien begann. Während sie der Schreiepisode beiwohnen, suchen sie krampfhaft nach einer Lösung des Problems. Ihre Suche konzentriert sich auf eine äußere Quelle, auf ein Defizit, das von außen kommt: zu wenig Schlaf, Hunger, fehlende Wärme oder gar Nähe? Irgendwas muss einfach fehlen. Viele junge Eltern sind der Überzeugung, dass es als gute Eltern ihre Aufgabe sei, die Ursache und Störquelle zu finden.

Ein Blick hinter die Krise zeigt, dass die Eltern ihr Baby zwar unablässig beobachten, aber sich selbst bei ihren Suchaktivitäten komplett aus den Augen verlieren. Eine Folge dieser ständigen Beobachtung des Außen ist ein »Außer-sich-Sein«. Fragt man die Eltern in diesem Moment danach, was sie selbst eigentlich fühlen, fällt es ihnen schwer, ihr Körpererleben zu beschreiben. Sie sind derart vom Außen – dem schreienden Baby – gebannt, dass ihr eigenes Innenleben keine Rolle mehr spielt.

In den Konzepten der Emotionellen Ersten Hilfe (EEH) sprechen wir beim Verlust der eigenen Körperwahrnehmung von einem Verlust der Selbstanbindung. Die Eltern können sich aufgrund ihrer dauerhaft erhöhten Wachsamkeit nicht mehr auf sich und ihren Körper besinnen.

Sie verlieren damit zweierlei: Zum einen geht ihnen der Kontakt zur körperlichen Selbstwahrnehmung verloren, gleichzeitig verlieren sie auch die emotionale Verbindung zum Baby. Sie spüren weder sich selbst noch das Kind. Die These, dass mit dem Beziehungsverlust zu mir selbst, immer ein Bindungsabbruch zu meinem Kind einhergeht, ist eine der Kernaussagen des EEH-Modells. Das bedeutet, dass eine Verbindung zum Baby nur dann wiederaufgebaut werden kann, wenn die Eltern die Verbindung nach innen zu ihrem eigenen physischen und emotionalen Körpererleben wiederherstellen. Oder einfacher formuliert: »Spüre dich selbst und du findest dein Kind!«

Haltlosigkeit und Muskelspannung

Haben Eltern die Nähe zu sich und ihrem Baby bereits verloren, fühlen sie sich haltlos. Stellen Sie sich vor, Sie stehen einem Ihnen nahen Menschen aufrecht gegenüber. Sie kontaktieren diesen Menschen, indem Sie dessen Handinnenflächen berühren. Sie beide finden in diesen Berührungen Stabilität. Sie können sogar ihr Gewicht abgeben, sich fallen lassen und durch den Kontakt der Handinnenfläche aufgefangen werden. Machen Sie und Ihr Gegenüber mit, entwickelt sich eine dynamische Stabilität. Lässt jedoch einer von Ihnen unangekündigt in seiner Präsenz nach oder entzieht gar seine Hand, verliert die andere Person ihr Gleichgewicht und droht ins Leere zu fallen. Dies ist eine Analogie für die stabilisierende Wirkung einer Sicherheit spendenden Beziehung zweier Menschen.

Der Verlust des Bindungspartners bedeutet immer, dass neue Formen der Sicherung und des Halts gefunden werden müssen. Bei Eltern und Babys, die ihre Verbindung zueinander verloren haben, zeigt sich immer eine zunehmende körperliche Anspannung und Verkrampfung.

Im Kontext eines körperpsychotherapeutischen Verständnisses verstehe ich diese peripheren Muskelspannungen als einen verzweifelten Versuch, das unlustvolle Erleben von Unsicherheit und Haltlosigkeit zu unterdrücken und auszugleichen, um wieder Stabilität zu gewinnen, die sich in der Beziehung zum Gegenüber nicht finden lässt. Insofern verblüfft es nicht, dass nicht allein die Erwachsenen, sondern auch die Kinder in der geschwächten Bindung eine deutlichere Muskel- und Gewebeverspannung zeigen.

Sichere Bindung kräftigt die Lungen

Gestresste und verunsicherte Eltern reagieren mit veränderter Atmung. In anstrengenden Phasen atmen sie flacher als in Phasen der Sicherheit und Ruhe. Schauen wir einer jungen Mutter dabei zu, wie sie morgens nach dem Aufwachen mit ihrem Baby im Bett kuschelt. Das wenige Wochen alte Mädchen liegt in Seitenlage vor ihr, sodass sich ihre Blicke treffen können. Während die Mutter das Kind anlächelt, streichelt sie es regelmäßig vom Kopf bis zu den Füßen über den ganzen Körper. Sie saugt jeden Blick, jede Bewegung und Körperreaktion des Säuglings in sich auf. Sie geht ganz in dem Kontakt mit dem Baby auf, sie fühlt sich in diesem Moment rundum wohl. Immer wieder ist ihr danach, tief einzuatmen und mit einem tiefen »Aahh« zu seufzen.

Eltern, die sich in der Beziehung zu ihrem Kind wohlfühlen, die Nähe zu ihm finden und genießen, können ihrer Atmung freien Lauf lassen. Sie holen tief Luft, aber sie lassen jeden Atemzug wieder los und atmen voll aus.

Anders sieht dies bei hochbelasteten Eltern in Schreibaby-Krisen aus. Im Zuge der Stress- und Anspannungsreaktion verspannen sich die Muskeln, die daran beteiligt sind, den Atemprozess aktiv in Gang zu halten. Neben den Muskeln zwischen den Rippen ist es besonders der Zwerchfellmuskel (Diaphragma), der sich verspannt und die Atmung erschwert. Dieser Hohlmuskel ist unterhalb der letzten Rippe tastbar und liegt wie ein Kuppelzelt über dem Bauchraum. Das Zwerchfell trennt den Oberkörper von dem unteren Bereich. Durch das Zusammenziehen und Lösen des Zwerchfells wird die Ein- und Ausatmung unterstützt. Geraten wir jedoch unter Stress und fühlen uns belastet oder unsicher, hat dies direkte Auswirkungen auf das Zwerchfell. Stressreaktionen jeder Art führen dazu, dass das Diaphragma verspannt und stramm wird. Dadurch verflacht unsere Atmung. Wir atmen weniger tief ein und aus. Manchmal haben wir sogar den Eindruck, als hörten wir ganz auf zu atmen. Dies geschieht, wenn wir uns plötzlich erschrecken oder mit gespitzten Ohren lauschen.

Die Atmung ist eines der ersten Körpersysteme, das auf den zunehmenden Stress reagiert. In der Angstreaktion wird die Einatmung etwas mehr betont. In der Schreckangst wird die Atemluft schnell und reflexhaft in unsere Lungen hineingesogen, häufig ist hierbei sogar ein lauter Ton zu hören. Etwas Vergleichbares passiert auch bei verhaltensunsicheren Eltern. Sie atmen vermehrt ein und pumpen sich förmlich auf. Eine Folge dieser stressbedingten Anspannung ist die Verengung des Atemraumes. Viele Eltern beschreiben das körperliche Erleben als Enge im Brustraum. Nachvollziehbar wird das, wenn man sich klarmacht, dass durch den ausgeprägten Stress, die Ausdehnung des Brustkorbs gehemmt wird. Verantwortlich sind dafür das angespannte Zwerchfell, die festen Zwischenraummuskeln sowie die

Verkrampfung der oberen Schulter- und Brustmuskulatur. Man muss es sich ein bisschen so vorstellen, als würden Betroffene gegen eine feste, unnachgiebige Wand anatmen. Von außen betrachtet wirken die gestressten Eltern, als wären sie nicht mehr in der Lage, die Atemluft abzulassen. Das verspannte Zwerchfell erschwert bei akuten Angstzuständen das erlösende Seufzen.

Eltern, die sich im Beziehungsnotstand zu ihrem Kind befinden, nehmen weniger Atemluft auf als Eltern in entspannten Momenten. Dieser Atemdrosselungsprozess geschieht automatisch und ohne bewusste Anstrengung. Oft nehmen die betroffenen Eltern das nicht einmal wahr. Was ist die Folge dieser Atemverengung? Welche Vorteile hat es für die Betroffenen? Durch die stressbedingte Verflachung der Atmung wird weniger Energie im Körper umgesetzt, der Energiemetabolismus wird gedrosselt. Eine Folge dieses heruntergefahrenen Energiehaushalts ist die Minderung der Intensität unserer Gefühle. Eltern, die weniger tief atmen, erleben also Gefühle der Angst, Enttäuschung und Wut weniger drängend. Die eingeschränkte Atmung macht sie emotional ärmer im Erleben. Der vermeintliche Vorteil ist, dass sie sich dadurch das Erleben ihrer Ängste im Kontakt mit ihrem Kind etwas vom Leibe halten können.

Doch der Preis für diesen scheinbaren Frieden ist sehr hoch! So führt die verflachte Atmung nicht nur dazu, dass die unangenehmen Gefühle unterdrückt werden, schlimmer noch, als Folge der Anspannungsreaktion werden auch die positiven Erfahrungen weniger lebendig und intensiv erfahren. Solange die Eltern im Kontakt mit ihrem Baby vor lauter Sorgen »die Luft anhalten« und sie die natürliche Atmung als Folge ihrer Angst- und Stressreaktion einschränken, bleibt auch das Erleben der beglückenden Gefühle zum Kind wie etwa die Erfahrung der Innigkeit und tiefen Verbundenheit weniger intensiv und lebendig.

In meinem Ansatz der Emotionellen Ersten Hilfe (EEH) gilt die Bauchatmung als ein wichtiger Gradmesser für die Beziehungs- und Bindungsbereitschaft der Eltern. Die ruhige und fließende Atmung führt zu einer Ausdehnung der Bronchien sowie der Ausweitung des Zwerchfells in Richtung der Bauchorgane. Natürlich atmen Sie nicht wirklich in den Bauch, da es bekanntermaßen im Bauch keine Atemorgane gibt. Bauchatmung heißt es deshalb, weil das Zwerchfell sich nach unten bewegt und dabei auf die Nervengeflechte und Bauchorgane drückt. Bauchbetonte Atmung ist typisch für Zustände der Ruhe, Sicherheit und Regeneration. Liegen Sie etwa entspannt in den Armen Ihres Partners und fühlen sich rundum wohl, vertieft sich Ihre Atmung und durchströmt den ganzen Körper. Bauchbetonte Atmung findet dann statt, wenn der Ruhe- und Sicherheitsast des autonomen Nervensystems – das parasympathische Nervensystem – die Führung übernimmt. Bindungssicherheit schafft einerseits die Grundlage für das Erleben von Geborgenheit und Sicherheit, zum anderen ist es die Basis dafür, dass Eltern in der Atmung ihren Bauch – und somit ihre innere Mitte – finden. In der EEH nutzen wir diese Logik auch in umgekehrter Weise: Indem Eltern bewusst die Atmung in den Bauchraum betonen, eröffnen sich Regelkreise, die dem Aufbau von Bindungssicherheit zum Kind dienen.

Zusammenfassend halten wir fest: Wir atmen besser, wenn wir uns sicher und aufgehoben fühlen. Dies gilt nicht nur für Erwachsene, sondern auch für Säuglinge und Kinder. Ein Gefühl von Bindungssicherheit lässt auch sie tiefer ein- und ausatmen. Insofern müsste der früher oft verwendete Spruch »Schreien kräftigt die Lungen« auf der Basis des modernen Wissens heute lauten: *»Sichere Bindung kräftigt die Lungen unserer Babys!«* – und eben nicht Isolation und Ausschreienlassen, wie es noch vor wenigen Jahrzehnten die gängige Annahme war.

Eltern ohne Wurzeln

Bindungsverlust offenbart sich in einem Prozess der Entwurzelung. Eltern werden in der Schreibaby-Krise deshalb wackelig, weil sie unsicher auf den Beinen stehen. Sie verlieren im wahrsten

Sinne des Wortes ihre Standfestigkeit. In der Körperpsychotherapie nennen wir das Erdung. In der Emotionellen Ersten Hilfe vergleichen wir den Verlust der Erdung mit einem Baum, der nicht hinreichend im Boden verankert ist. Ist der Baum durch einen Sturm größeren Belastungen ausgesetzt, besteht die Gefahr, dass er ins Wanken gerät und umkippt.

Die Fähigkeit der Erdung verstehen wir in der EEH als Maß für den Realitätskontakt und die Ich-Stärke eines Menschen. Gut in der Welt zu stehen ist gleichbedeutend mit einer sicheren und stabilen Verankerung im Leben, erst dann ist ein Mensch in Kontakt bzw. in Verbindung mit seinen Mitmenschen, seiner ihn umgebenden Natur und auch mit sich selbst (Geuter, 2015).

Verlieren Erwachsene im alltäglichen Umgang mit ihrem Neugeborenen den Bodenkontakt, dann werden sie sich haltlos und unsicher fühlen. Sie erleben sich instabil und sehnen sich nach anderen Menschen, die ihnen vorübergehend eine Stütze sind und Halt bieten. Sobald sie sich wieder gehalten und sicher fühlen, taucht das Gefühl, auf eigenen Beinen stehen zu können, wieder auf. Bleibt der haltlose Zustand dauerhaft bestehen, weil die Eltern nicht ausreichend Unterstützung erfahren oder sich diese nicht holen, weil sie glauben, alles alleine schaffen zu müssen, muss nicht selten das Baby diese Halt gebende Funktion ausfüllen.

Die Erwartungen haltloser Elternteile richten sich auf ein Baby, das sie schont und Rücksicht nimmt. Das Kind wird zum Trostspender und Haltesystem der erwachsenen Begleiter. Unbewusst übernimmt der Säugling dann früh die Rolle eines Elternersatzes, indem es lernt, seine Bedürfnisse und einen Teil seiner eigenen Lebendigkeit zurückzuhalten.

Eltern, die aufgrund anhaltenden Stresserlebens den eigenen Halt und die Sicherheit verlieren, büßen zeitgleich auch ihre Funktion als »Blitzableiter« für die Gefühle ihres Babys ein. Im übertragenen Sinne erden Eltern die emotionalen und körperlichen Reaktionen ihres Säuglings. Bei guter Erdung sind die Eltern problemlos in der Lage, dem Schreiprozess des Kindes standzuhalten – wie ein Blitzableiter, der das Haus davor schützt, dass die Energie des Blitzes in das Stromnetz des Hauses eindringt und Schäden anrichtet. Eine gute Verwurzelung der Eltern verhindert, dass die Wucht der kindlichen Schreie in das System der Erwachsenen eindringt.

Erdung ist ein Hinweis dafür, dass Eltern sich selbst körperlich und emotional erleben und die Fähigkeit haben, ihre Gefühle gut zu regulieren. Der Erdungsverlust und das damit verbundene Erleben von »Wackeligwerden« ist gleichermaßen ein Indiz für die Erhöhung von Stress und Belastung als auch dafür, dass die Fähigkeit der Eltern, sich ihrem Baby zu öffnen und Nähe zuzulassen, geschwächt ist.

Eltern ohne Grenzen

Eltern von regulationsschwachen Säuglingen und Kleinkindern erleben sich häufig als dünnhäutig und gereizt. Längere Zeiträume der Belastung führen dazu, dass unsere psychische Immunität gegenüber äußeren Stressfaktoren schwächer wird. Die anhaltende Anspannung macht unsere Wahrnehmungsfilter poröser. Die Folge ist, dass die Reizschwelle sinkt und schon kleinste Anlässe ausreichen, um in uns eine Welle großer Aufregung loszutreten. Eltern, die ihre untröstlich schreienden Babys über Wochen und Monate erlebt haben, beschreiben diesen Zustand sehr plastisch: »Ich kann die lauten Geräusche meines Weckers nicht mehr ertragen.« »Es ist unerträglich, wie laut die Autos auf der Straße sind.« »Ich finde es unerhört, wie laut mein Nachbar die Musik aufdreht. Ich finde das unerträglich.«

Die geforderten Eltern leiden an einem sehr überspannten und überreizten Nervensystem. Schneller als üblich reagieren sie mit Überforderung, Kränkung und maßloser Wut auf sich und andere. Selbst kleinste Anlässe reichen aus, um die Emotionen zum Überkochen zu bringen. Nicht selten trifft die Wucht dieser Gefühle den unmittelbaren Partner.

Bindungsmangel und Liebeshunger

Sichere Bindungserfahrungen fühlen sich gut an! Das kennen wir alle. Im Kontext der Eltern-Baby-Beziehung erleben Eltern eine sichere Bindung als lustvoll und stärkend. Genießt eine stillende Mutter ihr Neugeborenes, das schmatzend an ihrer Brust saugt, beschreibt sie ein Erleben der Nähe, des Wohlbehagens, des Glücks und der Dankbarkeit. Bindungssicherheit ist untrennbar verknüpft mit lustvollen Körperempfindungen und angenehmen Gefühlsregungen. Aufgrund spezifischer Bindungs- und Glückshormone, die in gelingenden Beziehungen ausgeschüttet werden, werden Eltern und ihre Babys »süchtig« nach dieser Erfahrung von Nähe und Verbundenheit. Sie streben förmlich danach, die erlebte Lust der Bindungssicherheit zu wiederholen. Erfolgreiche Bindungen haben die Tendenz konservativ zu sein.

Ein anderes Bild stellt sich dar, wenn Eltern in den Strudel aus Kontaktabriss, Körperspannung und einem Verlust der Selbstanbindung geraten. Bindungsverlust ist immer mit unangenehmen Gefühlen verbunden. Reißt der Beziehungsfaden, sind Gefühle von Schmerz, Verletzung und Unlust die Regel. Obwohl nicht jeder gerissene Bindungsfaden gleich eine nachhaltige Schädigung zur Folge hat, kann festgehalten werden: Der Bindungsabriss tut weh und ist unangenehm!

Eine junge Mutter, die die Ausdruckssprache ihres Babys nicht mehr entschlüsseln kann, gerät schnell in einen gestressten und unsicheren Zustand, sodass sie ihre Aufgabe als Sicherheitshafen ihres Kindes nicht mehr erfüllen kann. Ihre Gefühle spiegeln die Not wider, die sie im Moment des Beziehungsabrisses erlebt. Bindungsverlust, Körperspannung und unlustvolle Gefühls- und Körperempfindungen sind verschiedene Aspekte eines einheitlichen Geschehens. Solange Eltern im ruhigen rhythmischen Takt mit ihrem Kind tanzen, empfinden sie dominant Lust und Freude, treten sich Eltern und Baby jedoch beim Tanzen gegenseitig auf die Füße, hat das ein Gefühl von Unstimmigkeit zur Folge. Eltern beschreiben diesen Zusammenhang mit folgenden Worten: »Ich fühle, wie alles in mir sauer wird, wenn die Kleine abends mit dem Schreien loslegt.« »Mein Körper ist ganz eng, so als wäre aller Raum darin verschwunden.« Oder: »Es fühlt sich an, als wäre ich an Strom angeschlossen, so sehr kribbelt es in mir, wenn mein Baby auf meinem Bauch schrill schreit.«

Geht der Beziehungsfaden verloren, ist allen Formen der Angst Tür und Tor geöffnet: angefangen bei einem leichten Unbehagen über die nicht weichende Unsicherheit bis hin zum offenen Hilflosigkeits- und Ohnmachtsgefühl. Bindungsverlust ist untrennbar mit dem Erleben von Angst verknüpft. Daneben tauchen besonders Wutreaktionen unterschiedlichster Intensität auf, die sich nicht selten bis hin zu heftigen destruktiven Impulsen gegenüber dem Kind steigern können. Nie hätten die Eltern gedacht, ihrem geliebten Baby diese negativen Gefühle entgegenzubringen. Die tiefe Wut ist eine Reaktion auf die lang ausgehaltenen Gefühle der Ausweglosigkeit und Ohnmacht. Mehr als das Erleben der Angst sind für die meisten Eltern diese auftretenden Wutreaktionen gegenüber dem Kind tabuisiert und schambehaftet.

Betroffene Eltern, die sich ein Herz fassen und den Weg in eine Krisen-Ambulanz finden, sind tief erleichtert, wenn sie dort in einem bewertungsfreien Raum erstmals über ihre negativen und destruktiven Impulse und Fantasien ihrem Kind gegenüber sprechen können. Bis hierhin waren sie fest davon überzeugt, dass nur sie ablehnende und wütende Gefühle ihrem Kind entgegenbringen. Ihre Erleichterung ist groß, wenn sie hören, dass viele Mütter und Väter in belastenden Phasen solche ablehnenden Gefühle entwickeln. Sie sind normaler Bestandteil ausgeprägter Belastungszuständen und verschwinden in der Regel, sobald die Eltern sich wieder entspannen und zur Ruhe kommen. Behandlungsbedürftig und gefährlich wird dieser Tatbestand erst dann, wenn diese Impulse dauerhaft bleiben und die Ablehnungsgefühle gegenüber dem Baby die Oberhand gewinnen. Dies nährt den Boden für körperliche und psychische Tätlichkeiten.

In der heutigen Wissenschaft hat man nachweisen können, dass Hass, Ablehnung und destruktive Impulse gegenüber Säuglingen und Kindern besonders häufig entstehen, wenn die Qualität der Eltern-Kind-Bindungen schwach und brüchig ist. Wir alle kennen die erschreckenden und entsetzlichen Nachrichten von Eltern, die in ihrer Verzweiflung ihre Kinder getötet oder massiv geschüttelt und verletzt haben. Beobachtungen zeigen, dass Bindungslosigkeit ein Nährboden ist, auf dem Gewalt und Zerstörung überhaupt erst entstehen können. Ich halte es aus diesem Grund für essenziell, die Qualität der frühen Bindungsbeziehung zwischen Eltern und Baby in unserer Gesellschaft zu fördern und zu verbessern. Wie viele Kollegen im Feld der Frühprävention bin ich der Ansicht, dass gezielt eingesetzte Bindungsförderung die wirkungsvollste Gewaltprävention ist, die wir leisten können.

10 Die Sackgasse der Ablenkung

Sollten Sie als Eltern nicht mehr in der Lage sein, den Kreislauf aus innerem Stress, Körperspannung und zunehmenden Babyschreien zu verlassen, brauchen Sie neue Wege, um den Alltag zu überstehen. Niemand möchte dem Schreien und der Unruhe seines Kindes über Stunden tatenlos ausgesetzt sein, denn dieser Zustand wird zur Tortur: sowohl für die Babys, die keine Unterstützung in ihrem Leid erfahren, als auch für die Eltern, die der offensichtlichen Not ihres Kindes nur ohnmächtig zuschauen können.

Dieses Erleben führt dazu, dass die meisten Eltern neue Verhaltens- und Umgangsformen zu entwickeln beginnen. Dabei handelt es sich um Ersatzstrategien, mit deren Hilfe sie ihr Baby vom Schreien abzulenken versuchen. Wir sprechen in diesem Zusammenhang von *Ersatzkontakten.*

Was ist das Wesen und die tiefere Funktion dieser Ersatzkontakte?

> Dazu werfen wir einen Blick auf Annika, die mit ihrem Sohn, dem zwei Monate alten Justin, in ihrer Wohnung viel Zeit verbringt. Bei ihrem Erscheinen in der Praxis ist Justin bereits seit zwei Wochen sehr unruhig, er schreit viel. Mehrmals am Tag gibt es diese Schreianfälle und Annika ist mittlerweile mit ihrem Latein völlig am Ende. Der einzige Weg die heftigen Weinattacken abzumildern und kurzfristig zu beenden, ist Körperkontakt und Nähe. Sobald Justin auf dem Arm seiner Mama ist, beruhigt er sich und hält inne. Obwohl er auf dem Arm ruhiger wird,

> tritt keine grundlegende Entspannung ein. Die Mutter beschreibt das so: »Er scheint einfach nur froh zu sein, dass er auf meinem Arm ist. Es nimmt ihm ein wenig die Last. Aber es ändert nichts an seiner Anspannung. Er kann in diesen Momenten sein Gewicht nicht an mich abgeben.«

Das typische Kennzeichen eines Ersatzkontaktes wird hier beschrieben. Obwohl Annika ihrem Baby Körperberührung und Kontakt anbietet, kann Justin ihre Zuwendung nicht mehr vertrauensvoll auf- und annehmen. Ihr Angebot perlt an ihm ab wie ein Wassertropfen an einer geölten Oberfläche. Annika möchte Justin ihre Liebe und Unterstützung geben, aber sie spürt, dass sie ihm nicht reicht, was ihr Vertrauen erschüttert, ihm das geben zu können, was er braucht.

Die elterliche Verhaltensstrategie führt in diesem Fall dazu, dass Justin kurzfristig bei Laune gehalten wird. Er muss zwar nicht schreien, aber er merkt, dass in der emotionalen Tiefe keine ursächliche Veränderung der Situation stattfindet. Um ihn also wenigstens vom Schreien abzuhalten, ist Annika gezwungen, Justin ständig auf den Arm zu nehmen.

Der Vorteil solcher Ersatzstrategien ist, dass die Eltern sich die Wucht der kindlichen Reaktion etwas vom Leibe halten können, sie ersparen sich also die Angst, Ohnmacht und negativen Empfindungen, die sie sonst im Umgang mit dem kindlichen Schreien erfahren würden. Der Nachteil dieses Vorgehens ist, dass die Eltern keine Wahl mehr haben und ihnen nur noch diese einzige Möglichkeit bleibt. Gerade Babys, die lang und explosiv schreien, muss der Ersatzkontakt sofort angeboten werden. Sobald Annika spürt, dass Justin unruhig und quengelnd wird, nimmt sie ihn also auf den Arm und läuft, das Baby im Fliegergriff schaukelnd, stundenlang durch die Wohnung. Sobald sie sich auf sich selbst konzentriert und sich wieder hinsetzt, reagiert das Baby sofort mit wachsender Unruhe und heftigem Weinen.

Der Ersatzkontakt hat für Eltern einen hohen Preis. Sie werden unfrei und engen ihr Verhalten auf einige wenige Handlungsstrategien ein. Zu allem Überdruss stellt sich noch nicht mal ein befriedigendes Gefühl ein, das sich die Mühe lohnt. So stellt sich schon bald das Erleben ein, das Baby habe sie in der Hand und verfüge über sie, was häufig ein sehr ambivalentes Verhältnis der Eltern zu diesen Beruhigungsstrategien zur Folge hat: Einerseits stellt ihr Verhalten den letzten Strohhalm dar, an den sie sich klammern können, andererseits beschneidet es ihre Handlungsfreiheit.

Ersatzkontakt und Ablenkung vom Babyschreien

So verständlich das Ausweg suchende Verhalten der Eltern ist, die unausgesprochene Botschaft an das Baby bezüglich dieser Art der Beruhigung ist klar und eindeutig: »Sei anders! Dein Weinen ist uns zu viel. Wir halten das nicht mehr aus!« Die Ersatzkontakte funktionieren nach dem Prinzip der Ablenkung.

Um besser zu verstehen, was gemeint ist, möchte ich Sie zu einem kleinen Gedankenexperiment einladen: Stellen Sie sich vor, Sie befinden sich mit Ihrem Auto auf dem Weg zu einem guten Freund. Plötzlich rauscht aus der Seitenstraße ein Auto heran und kracht ungebremst in Ihren Wagen. Es scheppert und knallt laut. Sie sind vom Schreck völlig überwältigt und zittern am ganzen Leib. Es ist Ihnen zum Glück nichts passiert und auch der andere Fahrer ist wohlauf.

Sie sind beide mit Blechschäden davongekommen. Nachdem Sie die Polizei benachrichtigt haben und der Unfallhergang protokolliert wurde, setzen Sie die Reise zu Ihrem Freund fort. Dort angekommen wollen Sie ihm Ihre aufregende Geschichte von dem Unfall erzählen. Während Sie nun von den Geschehnissen berichten, spüren Sie die enorme Aufregung und heftigen Gefühle in Ihrem Körper aufwallen. Alles fühlt sich wieder so an wie unmittelbar nach dem Unfall. Erst jetzt realisieren Sie, wie groß der Schrecken ist, der Ihnen noch in den Knochen steckt. Tränen steigen auf und laufen über Ihr Gesicht.

Und was macht Ihr Freund? Er springt auf, sobald er den Ausdruck Ihrer Tränen sieht. Er holt eine Tasse Kaffee, bringt aufgeregt ein Stück Kuchen, öffnet die Terrassentür und sagt mit einer einladenden Geste: »Was für ein schöner Morgen! Nimm erst mal einen Schluck Kaffee. Ist ja alles gut gegangen, mein Lieber. Das Leben geht weiter und wir machen es uns jetzt schön.« Sie sitzen verstört da, weil Ihnen weder nach Essen, Trinken oder Gartenfreuden zumute ist. Sie fühlen sich weder gehört noch verstanden, sondern merken, dass Ihr Freund Ihr Leid nicht ertragen kann, und das macht Ihr Gefühl des Unglücklichseins gerade noch größer.

Versuchen Eltern die Tränen ihrer Babys zu vermeiden, indem sie dem Kind ablenkende Angebote machen, passiert aus Sicht des Babys etwas sehr Frustrierendes: Es kann seine Geschichte ebenso wenig erzählen wie Sie Ihre Unfallgeschichte. Das Kind fühlt sich in seiner emotionalen Not nicht gehört und verstanden. Ganz im Gegenteil, es spürt sogar, dass sein Schreien bei seinem Gegenüber Stress und Unsicherheit auslöst.

Wenn Eltern gut gemeint mit ihren Kindern auf dem Arm durch die Wohnung tanzen, stundenlang durch den Park spazieren fahren, das Baby im Fliegergriff schaukeln, so mag all dies ein wenig helfen, um die Intensität der kindlichen Stressreaktion zu schmälern, aber sie ignorieren die wahre Befindlichkeit und Geschichte des Kindes. Die Befriedigung und das Wohlgefühl bleiben auf beiden Seiten aus.

Babys lernen die Lektion, dass sie anders sein sollen, oft schnell. Die Folge ist, dass sie einen Teil ihrer lebendigen Ausdruckskraft zurücknehmen, um für das Umfeld gefälliger zu sein. Nehmen wir an, Sie haben sich in der obigen Geschichte dazu entschlossen, Ihre Gefühle und Tränen zu schlucken und nicht weiter über die aufregenden Ereignisse am Morgen zu sprechen. Die Folge dieser Entscheidung wäre sicherlich, dass Sie nun bedrückt am Tisch sitzen und wenig Freude an dem gemeinsamen Frühstück im Garten haben.

Ersatzkontakte führen nie zu der ersehnten echten und tieferen Verbindung. Obwohl es aus Sicht der Eltern verständlich ist, dass sie etwas unternehmen möchten und froh sind, wenn eines der Angebote zumindest so weit fruchtet, dass das andauernde Schreien oder die anhaltende Unruhe zumindest für kurze Zeit unterbrochen wird, so bringt diese Strategie keine Erfüllung.

Die Ersatzkontakte verhindern den Aufbau einer echten und tiefen Verbindung. Genau das berichten auch die betroffenen Eltern: »Es ist so, als sei mein Kind mir fern, als würde ich es nicht erreichen.« Sie beschreiben das Gefühl, als würde ihr Baby sie nicht wirklich in sich hineinlassen, und treffen damit ins Schwarze, denn durch die ablenkenden Maßnahmen unterbinden sie nicht nur das Schreien, sondern verhindern auch, dass sich die Eltern von den tieferen Gefühlen ihres Babys, die seinem Schreien zugrunde liegen, innerlich berühren lassen.

Ersatzkontakt verhindert die Selbstheilung

Ersatzkontakte folgen einer sehr einfachen Logik. Damit ein, aus welchem Grund auch immer, gestresstes Baby seine innere Unruhe und sein Schreien nicht ausdrückt, muss es auf anderen Sinneskanälen anderweitig beschäftigt werden. Die angebotene Stimulation versorgt das ohnehin belastete Baby mit weiteren neuen Informationen und Eindrücken, die sein überfordertes Gehirn nun auch noch verarbeiten muss. Bekommt das Baby einen Sauger, eine geräuschvolle Rassel oder eine musizierende Spieluhr angeboten, sobald es auch nur den Anflug einer Unzufriedenheit zeigt, so bindet dies für eine Weile seine Aufmerksamkeit. Es reagiert gebannt und scheint für einen Augenblick seinen Kummer zu vergessen, aber sicher ist: Aufgeschoben ist nicht aufgehoben. Das gilt sowohl für Erwachsene als auch für das Baby und seine Grundbedürfnisse. Grundbedürfnisse nach Nähe,

Verbindung und Geborgenheit heißen deshalb Grundbedürfnisse, weil ihre Befriedigung etwas Grundlegendes, Essenzielles ist, das sich nicht durch etwas anderes ersetzen lässt. Trotz des Ersatzes schlummert im Innern die Unlust- und Spannungsreaktion weiter. Der Ersatz bindet die Unlust zwar für eine Weile, aber in dem Moment, in dem das Baby nicht mehr von den Eltern bespielt und belustigt wird, betreten der ursprüngliche Stress und damit auch das kindliche Ausdrucksschreien wieder die Bühne.

Bei den elterlichen Ablenkungsstrategien läuft es ähnlich wie in der Politik. Befinden sich Regierungen in großer Bedrängnis und drohen sie gar die Mehrheiten und damit die Macht einzubüßen, verlagern sie seit jeher das Problem nach außen. Um von den inneren Problemen abzulenken, werden äußere Bedrohungen inszeniert, auf die sich nun die gesamte öffentliche Aufmerksamkeit richtet. Innenpolitische Spannungen geraten so kurzzeitig in Vergessenheit, kehren aber zurück, sobald die Ressourcen erschöpft sind und die Außenaktivitäten wieder eingestellt werden.

Ganz ähnlich verhält es sich in Bezug auf Babys, deren Ausdruckswunsch unterdrückt wird: Keine Mutter und kein Vater ist in der Lage, rund um die Uhr seinen Säugling vom Schreien abzuhalten und ein Erleben von Unlust aufgrund unbefriedigter Grundbedürfnisse zu unterbinden, wenn diese in der Tiefe vorhanden sind. Bei dem Versuch erschöpfen die Eltern schnell ihre Kraftreserven, ein Zusammenbruch ist hier vorprogrammiert.

Ersatzkontakt als Ressource

Die Ablenkung vom kindlichen Schreien hat viele Nachteile: Sie verbraucht und bindet enorme Energien, sie engt den Freiraum der Eltern ein und sie verhindert den stärkenden Aufbau echter Nähe und Verbindung in der frühen Eltern-Baby-Beziehung.

Viele Eltern wissen intuitiv, dass es nicht richtig ist, wenn sie stundenlang mit dem Föhn oder der Staubsauger-App auf dem Handy vor ihrem Baby stehen oder mit ihrem Kind im Auto über Kopfsteinpflaster fahren oder ihre Waschmaschine auf Schleudergang stellen, um es zu beruhigen oder zum Schlafen zu bringen. Nie wagen sie es, ihr Baby abzulegen aus Angst, es könne in Tränen ausbrechen. Es fühlt sich auch für die belastbarsten Eltern nicht gut an, sich mehrere Stunden am Tag auf derlei Arten durch die Wohnung und durch die Welt zu bewegen.

Trotz dieser kreativen und manchmal bizarr erscheinenden Ideen, die Eltern entwickeln, um ihre Babys bei Laune zu halten, steht fest: Jeder noch so merkwürdigen Beruhigungsstrategie liegt der Versuch zugrunde, ihrem Baby das Beste zu geben. *Jede noch so abenteuerliche Form der Ablenkung, die Eltern nutzen, um das Weinen zu unterdrücken, ist zugleich der Versuch ein Stück Sicherheit, Halt und Kontrolle herzustellen.*

Ersatzbedürfnisse durch unterdrücktes Babyweinen

Macht ein Baby immer wieder die Erfahrung, dass es seine Weinimpulse unterdrücken oder umlenken soll, lernt es schnell, dass sein Ausdruck bestimmter Emotionen kein Echo erfährt. Der seine Befindlichkeit ausdrückende Säugling erlebt anstelle eines Gehörtwerdens seines ursprünglichen Anliegens eine anderweitige Anregung durch Saug-, Hör-, Bewegungs- und Berührungsreize. Jedes Mal, wenn es sich gefühlsmäßig mitzuteilen versucht, werden neue Sinneskanäle beschäftigt und befeuert. Das Kind erhält im Außen ein Angebot, das die Wahrnehmung der inneren Unlustempfindung verhindert und überdeckt.

Ziemlich schnell wird aus dieser wiederholten Erfahrung ein eingefahrenes Muster. Neurologisch ausgedrückt bilden sich bestimmte neuronale Landkarten im Gehirn des Kindes, die schon früh die Erwartung erzeugen, dass bei Belastung und Stress eine Anregung im Außen erfolgt (Hüther, 2010). Das kann ein orales Angebot sein, indem die Mutter ihr Kind bei Unmutsäußerungen jedes Mal an ihre Brust legt, wodurch das Baby frühzeitig lernt, seinen Kummer im wahrsten Sinne des Wortes zu schlucken, statt ihn auszudrücken. Es verknüpft sein eigenes Unbehagen mit der Erfahrung von ursprünglich lustvollem Saugerleben. Je nach Vorlieben der Eltern erfährt der Säugling unterschiedliche Beruhigungsstrategien. Das eine Baby wird seinen Schreiimpuls mit Saugen verknüpfen, während sich bei einer anderen Strategie eine neuronale Verbindung von Schreien mit spezifischen Höranregungen entwickelt (z. B. wenn die Eltern immer dann zu singen beginnen, sobald das Kind weint) oder mit Bewegungsreizen (z. B. wenn die Eltern immer dann tanzen, sobald das Kind unruhig wird).

Da Beruhigungsstrategien von Natur aus sehr stereotype Schemata sind, ist es für die Babys sehr einfach, die jeweiligen Lektionen zu integrieren. Es wird verstehen, dass bestimmte Teile seines Selbsterlebens kein Echo finden, dass sie damit ins Leere laufen. Der Effekt, auf den die meisten Eltern nicht gefasst sind, ist, dass ihre gut gemeinten, aber dennoch verzweifelten Beruhigungsversuche als Bumerang in ihr Leben zurückkommen. Hat sich beim Säugling erst einmal die Erkenntnis festgesetzt, dass er immer dann, wenn er sich gespannt und unzufrieden fühlt, eine bestimmte Aktivität angeboten bekommt, so nimmt er schon nach kurzer Zeit eine Erwartungshaltung ein. Das bedeutet, das Baby fordert bei bestimmten inneren Sinnesempfindungen (z. B. erlebter Langeweile, Traurigkeit oder Aufregung) ein, dass es geschaukelt wird, sein übliches Saugangebot bekommt oder dass mit ihm auf eine bestimmte Weise gespielt wird.

Aus der Unterdrückung des Weinens hat sich jetzt ein Ersatzbedürfnis entwickelt. Das Baby zeigt zu diesem Zeitpunkt kaum noch Toleranz und fordert immer gleich eine sofortige Antwort ein, sobald es eine innere Spannung und Frustration wahrnimmt. Aus Sicht des Kindes spielt es hierbei keine Rolle, ob es Tag oder Nacht ist, ob die Eltern Lust haben oder nicht. Das Verhalten des Säuglings folgt nun einem sehr einfachen Strickmuster: Empfindung A löst Reaktion B aus. Die Eltern mögen die sofortige Erfüllung des Verlangens ihres Kindes ablehnen und ihm deutlich machen, dass das so nicht geht. Sie als betroffene Eltern können sicher gut nachvollziehen, dass es keine Freude macht in der Nacht mit Ihrem Kind nach Trommelrhythmen zu tanzen. Das ist eine vollkommen verständliche Reaktion, daher wäre es eigentlich sinnvoll und vernünftig, damit aufzuhören!

An dieser Stelle landen wir jedoch wieder an dem Punkt, an dem wir mit unseren Überlegungen begonnen haben. Sobald Ihr Baby spürt, dass nicht mehr jene gewohnten Stimulationen folgen, die es bisher immer bekam, wenn es Spannungen und Unruhe in seinem Körper spürte, wird es Ihnen unmissverständlich klar machen, dass es damit nicht einverstanden ist. Ohne Ablenkungen erfährt Ihr Kind seine unlustvollen Gefühle viel unmittelbarer. Die Folge ist, dass der Stress und die Spannung schnell wieder zunehmen werden. Intensiveres Schreien ist die einzige Form, durch die sich Ihr Baby mitteilen kann, um Ihnen zu vermitteln, dass es dies nicht lustig findet. Könnte Ihr Baby an dieser Stelle sprechen, würde es sagen: »Nimm mir diese unangenehmen Gefühle ab. Was ist hier los? Bisher hast du mir die Spannungen doch auch immer abgenommen!« Und wenn Ihr Baby jetzt sogar stärker weint, dann passiert doch genau das, was Sie bisher vermeiden wollten, weil es Ihnen so schwer fiel, das Unwohlsein Ihres Kindes auszuhalten. Sie sehen sicher, wir drehen uns hier im Kreis.

Also, was tun? Nachgeben oder standhalten? Viele Eltern verspüren an dieser Stelle ein echtes Dilemma. Es ist eine Wahl zwischen Pest und Cholera: Geben sie nach, dann tun sie etwas, wozu sie sich nicht bereit fühlen, nämlich erneut stundenlang ihr Kind schaukelnd im Arm zu bewegen. Sie sind müde und wollen lieber schlafen. Sonst nichts. Aber die Alternative ist auch nicht verlockend. Ihr Säugling weint bitterlich, untröstlich, haltlos bis zur Erschöpfung, da sie ihm das Geforderte verweigern. Sie müssen miterleben, wie ihr Kind dann leidet.

Während meiner jahrelangen Praxis in der Krisenberatung von Eltern und Säuglingen habe ich keinen Fall erlebt, in dem dieses Dilemma nicht vorzufinden war. An diesem Punkt ist es für die Betroffenen wichtig zu verstehen, welchen Kuhhandel sie eingegangen sind. Sie müssen ihre eigenen Ängste begreifen und erkennen, welche Reaktionen und Verhaltensweisen ihres Babys sie ablehnen. Dies ist unerlässlich, bevor erste Schritte der Veränderung eingeleitet werden können.

11 Selbstanbindung – Oder: die Kunst, ein guter Leuchtturm zu sein

Leuchttürme und Seetonnen sollen Schiffen in fremden Seegebieten den Weg weisen. Entscheidend ist, dass diese Zeichen im Meer immer gut verankert und sichtbar sind. Selbst bei schlechtem Wetter und trüber Sicht kann der Kapitän diese Signale gut erkennen und sich an ihnen orientieren. Doch stellen wir uns mal die absurde Situation vor, auf der Nordsee tobe ein Orkan und der Leuchtturmwärter würde sich dazu entschließen, das Licht auszuschalten, um ein bisschen Strom zu sparen und endlich Feierabend machen zu können. Die Lichter gehen aus.

Vielleicht schmunzeln Sie bei der Geschichte und denken bei sich, wie abwegig diese doch sei. Dabei passiert etwas Vergleichbares, wenn eine Mutter während einer Schreikrise von ihren Ängsten und Gefühlen überrollt wird. Die Mutter ist derartig belastet von der Wucht ihrer eigenen Gefühle und Sorgen, dass der Draht zu sich selbst durchbrennt. In ihr gehen die Lichter aus und es wird dunkel in ihr. Betroffene wählen tatsächlich diese Worte, um einen solchen ohnmächtigen Augenblick zu beschreiben!

Die Mutter oder der Vater gerät außer sich und verliert die Kontrolle über sich und die Steuerung der eigenen Gefühle. In diesem Moment haben Eltern weder sich noch das Baby im Blick. Der versorgende, elterliche Leuchtturmwärter knipst das Licht aus! Feierabend!

Säuglinge sind Meister darin zu erfassen, ob ihr Gegenüber noch in Achtsamkeit anwesend ist oder nicht. Sie spüren sofort, wenn die Lichter ausgehen, denn sie sind abhängig von der richtungsweisenden Lichtquelle. Sie brauchen die Hilfe ihrer Bindungspersonen, um sich sicher in der Welt zurechtzufinden. Der Verlust des Leuchtfeuers bedeutet eine existenzielle Gefahr für das Kind. Es spürt, wenn die Atmung seiner Mutter flacher wird, ihr Blick erstarrt und das eigentlich beruhigende Wiegen zu einer hektischen und mechanischen Bewegung wird. Beschleunigung und Spannung signalisieren dem Baby, dass sein Sicherheitsspender gerade in Gefahr ist. Das Kind reagiert auf den Stress der Mutter mit eigenem Stress und eigener Anspannung: Es verkrampft sich, beginnt zu quengeln und letztlich schreit es bitterlich. Würde es jetzt sprechen, würde es sagen: »Mama, ich finde dich nicht mehr! Wo bist du? Was belastet dich? Du hältst mich in deinen Armen, aber ich spüre, dass etwas für dich nicht stimmt. Deine Berührungen sind leer und sie trösten mich nicht. Ich fühle mich deshalb einsam und allein!«

Eltern, die ihre Selbstanbindung verlieren sind Leuchttürme, die nicht mehr leuchten!

In diesem Kapitel geht es mir daher darum, was Sie als Eltern für sich selbst tun können, um auch in fordernden Augenblicken ein guter Leuchtturm für Ihr Kind zu sein, zum Beispiel an Tagen, an denen Ihr Neugeborenes stundenlang jammert und quengelt, nicht mehr einschlafen will und Sie seine Verhaltenszeichen nicht mehr aufschlüsseln können. In diesen Augenblicken steht Ihnen das Wasser bis zum Hals, und jetzt erwartet die Welt von Ihnen – und wahrscheinlich erwarten auch Sie selbst von sich – Gelassenheit und für Ihr Kind, zum Hort der Sicherheit zu werden. Kann das überhaupt gehen? Und wenn ja, wie soll das funktionieren?

Wenn Ihnen der Wind scharf um die Ohren bläst, müssen Sie in erster Linie etwas für sich selbst tun und nicht etwa für Ihr Baby. So wie man Sie im Flugzeug bei Gefahr dazu anhält, paradoxerweise zuerst sich selbst eine Atemmaske umzulegen, bevor Sie sich um die Atemmaske Ihres Kindes kümmern.

Babyschreien bei den Amazonas-Indianern

Als ich zu Beginn meiner Beratungsarbeit mit Eltern und Babys mit meiner eigenen Hilf- und Ratlosigkeit konfrontiert wurde, begann ich damit, das Wesen der Selbstanbindung genauer zu studieren. Ich fühlte mich entsetzlich, wenn ich Eltern in der Beratung mit ihren schreienden Babys keine greifbaren Lösungsansätze an die Hand geben konnte. Meine aufmunternden Worte und Ratschläge schienen die verzweifelten Eltern nicht zu erreichen. Sie perlten an ihnen ab. Einiges versprach zwar augenscheinlich kurzfristige Linderung, aber irgendwie hatte ich nicht das Gefühl, zum Kern der Problematik vorzudringen.

Ich erinnerte mich an eine Episode, die ich kurz zuvor in einem Workshop der amerikanischen Journalistin Jean Liedloff erlebt hatte. Liedloff hatte an einer längeren Expedition teilgenommen, in Regionen, die bisher wenig bereist und erforscht waren. Im Laufe dieser Reise lebte sie längere Zeit bei einem Volk, das bisher nur sehr wenig Kontakt zu westlichen, modernen Lebensformen gehabt hatte. Die Yequana-Indianer leben in einer Weise mit ihren Kindern, die der Humanethologe Wulff Schiefenhövel das »evolutionäre Modell« nennt. Gemeint ist damit, dass die Lebensformen der Indianer die Anlagen und evolutionär-geformten Erwartungen ihrer Säuglinge und Kinder berücksichtigen und angemessen beantworteten. Dazu gehört, dass die Yequana ihre Säuglinge beinahe rund um die Uhr am Körper tragen und alles daran setzen, längere Unterbrechungen der Körpernähe zu ihren Kindern zu vermeiden (Liedloff, 2017).

Als ich Ende der 1980er Jahre einen Workshop in Berlin besuchte, in dem Jean Liedloff ihr Konzept vorstellte, fragte ich sie, was denn die Yequana-Indianer täten, wenn ihre Babys längere Zeit weinen würden. Als Antwort zuckte die mit den Schultern und lächelte. Das Phänomen der exzessiv schreienden Babys habe sie während ihres Aufenthalts bei den Yequana nicht beobachten können. Natürlich würden auch die Yequana-Babys wie alle anderen Säuglinge dieser Erde manchmal bitterlich schreien, wenn es ihnen nicht gut ginge, aber anhaltendes, untröstliches Schreien habe sie niemals erlebt. Die Mütter würden, so Liedloff, das Weinen zum Anlass nehmen, auf die Mitteilungen ihrer Babys zu reagieren. Intuitiv seien sie in der Lage zu erfassen, was ihren Babys gerade fehle.

Weint oder quengelt eines der Babys während wichtiger Dorftreffen, wenden die Yequana eine einfache Technik an, die Liedloff uns live präsentierte:

In der Veranstaltung war auch eine junge Mutter, die ihr wenige Monate altes Baby mitgebracht hatte. Sie wurde zunehmend unruhiger, da sie befürchtete, dass die Unruhe ihres Babys den Ablauf des Unterrichtes stören könnte. In kurzen Abständen bot sie dem Kind ihre Brust, einen Schnuller oder kleine Rasseln an – alles zum Ziel, das Baby von seiner Unzufriedenheit abzulenken.

Liedloff packte die Gelegenheit beim Schopf und bat die Mutter, ihr zusammen mit ihrem Baby bei einer Übung behilflich zu sein. Sie erzählte uns, was die Yequana täten, wenn das Weinen der Babys nicht zu beruhigen sei: Sie würden mehrere Reisigbüschel nehmen und in geringem Abstand zueinander auf dem Boden verteilen. Ersatzweise nahm Liedloff einige Kissen und warf sie in einem Kreis auf den Boden des Saals. Sie bat die Mutter, mit ihrem Baby auf dem Arm schnellen Schrittes um die Kissen herumzulaufen, ohne eines zu berühren. Liedloff forderte sie auf, zunehmend schneller zu werden, und erinnerte sie immer wieder daran, die Kissen nicht zu berühren. Für alle Anwesenden im Raum war es verblüffend zu erleben, was geschah, während die Mutter in die Übung und ihre Bewegungen vertieft war. Sie »vergaß« förmlich das Baby. Hatte es zuvor noch unglücklich und unruhig auf dem Schoss der Mutter gesessen, lehnte es sich nun, während die Mutter um die Kissen huschte, entspannt und in sich ruhend an ihren Körper. Sein Gesichtsausdruck war ganz gelassen und es schien mehr und mehr, als würde es vor sich hindösen. Es war zwar weiterhin wach, aber die Aufmerksamkeit ruhte jetzt mehr auf dem Inneren seines Körpers.

Mich interessierte, was genau die Beruhigung des quengelnden und unruhigen Babys bewirkt hatte? Warum entspannte sich das Kind, sobald die Mutter ihm ihre Aufmerksamkeit entzog und sich ganz der Übung zuwandte? Liedloff versuchte die Fragen zu beantworten, aber ihre Erklärung befriedigte mich nicht. Die Energie des Kindes werde, so ihre Begründung, über die Körpernähe zur Mutter mit dem Boden verbunden. Die Mutter fungiere dann wie ein Erdungskabel für das Kind. Bewege sich die Mutter mehr, erhöhe sich ihr Energieverbrauch, wodurch es indirekt zu einer Entlastung des Energiehaushaltes des Babys komme, da es emotional und körperlich an die Mutter angeschlossen sei. Dies wiederum bewirke eine Öffnung und Entspannung des Kindes.

Die Erklärung war mir etwas zu mechanisch, sie erinnerte mich an die Beschreibung einer Maschine und wurde dem Zauber, der sich gerade vor meinen Augen abgespielt hatte, nicht gerecht. Richtig ist, dass die Aktivität der Mutter half, das Kind zu beruhigen. Aber wieso sind dann die Anstrengungen vieler Eltern erfolglos, die ihre Babys über Stunden hinweg am Körper tragen und bewegen?

Mir kam die Idee, dass der entscheidende Faktor weniger die Bewegung als vielmehr die Übungsanleitung war. Die Mutter sollte so schnell um die Kissen herum laufen, dass sie keine Chance mehr hatte, an ihr Kind zu denken. Ihre Aufmerksamkeit wurde quasi durch die Bewegungsübung gebunden. Hirnphysiologisch heißt das: Durch die Übung werden jene Gehirnbereiche besonders aktiv, die für die Organisation und Koordination der komplexen Bewegungsabfolgen zuständig sind. Diese spezifische Aktivität entzieht genau jenen Hirnarealen die Energie, die für die Wahrnehmung der unlustvollen Körperempfindungen zuständig sind.

Somit geschah dreierlei: Erstens war die besorgte Mutter nicht mehr mit dem Baby beschäftigt, zweitens wurden jene Energien gebunden, die zuvor als Spannungs- und Unlusterleben im Säugling (und letztlich auch in der Mutter) wirksam wurden und drittens wurde durch die Übung ein neuer magischer Beziehungskreislauf zwischen Mutter und Baby eröffnet. Sie hatte die sorgenvollen Gedanken an ihr Baby kurzfristig vergessen, um ihr Kind dann in einer neuen und entspannten Weise wiederzuentdecken!

Das Wesen der Selbstanbindung

Ich begann, diese neue Übung in der praktischen Krisenarbeit mit sehr verhaltensunsicheren Müttern und ihren Säuglingen einzusetzen. Immer wieder bestätigte sich: Die Eltern richten ihren Fokus auf etwas anderes als auf ihr weinendes Kind und prompt setzt die Beruhigung ein. Das regte viele Eltern zum Nachdenken an. Ihnen wurde durch die Kissenübung etwas Wesentliches vor Augen geführt, und zwar die vielen Stunden am Tag, in denen ihre gesamte Aufmerksamkeit nur um ihr Baby kreiste. Es gab keine noch so kleine Regung ihres Babys, die von ihnen nicht ausgewertet, kontrolliert und verglichen wurde. Sobald es den Betroffenen gelingt, ihren Umgang mit ihrem Kind aus einer kritischen Distanz zu betrachten, wird ihnen immer sehr schnell bewusst, wie belastend ihr Verhalten nicht nur für sie selbst, sondern auch für ihr Baby war. Die Übung leitet somit einen Wandel im Bewusstsein und der Sichtweisen der Eltern ein. Als Folge dieser inneren Veränderungen achten die Eltern im Alltag plötzlich mehr auf ihr eigenes Wohlbefinden. Somit war nicht länger das Baby Leitsystem und Regulator ihres Tuns, sondern vielmehr waren es ihre eigenen Gefühls- und Körperzustände.

Mich faszinierte die Idee, das einfache Prinzip des Kissenparcours in abgewandelter Form auf den Alltag von Eltern mit unruhigen Kindern zu übertragen. Wie kann einer Mutter geholfen werden, die gebannt und verängstigt ist von dem nicht enden wollenden Schreien ihres Babys?

Die Kissenübung hatte Nachteile: Die Eltern mussten sich aufrecht, mit dem Baby auf dem Arm, im Raum bewegen. Diese

Aufgabe wurde ihnen schnell zu anstrengend oder sie verloren die Geduld und Konzentration. Die Folge war, dass sie die Übung oftmals vorzeitig abbrachen oder nicht mehr richtig bei der Sache waren, sodass die Säuglinge wieder unruhig und quengelig wurden. Also stellte sich mir die Frage, welche Aktivität ähnlich dem Kissenparcour die Aufmerksamkeit der Eltern binden und den beschriebenen Fokuswechsel einleiten könnte? Die Lösung war für mich als Körperpsychotherapeuten denkbar einfach: die Atmung.

Bauchatmung und innere Sicherheit

Bei der Atemtätigkeit des Menschen lässt sich zwischen zwei Atemformen unterscheiden: die eine ist die sogenannte Brustatmung, bei der das Atemzentrum im Brustbereich liegt. Der Brustkorb hebt und senkt sich, während die untere Körperhälfte (Bauch- und Beckenbereich) kaum an der Atembewegung beteiligt ist. Die Brustatmung tritt immer dann auf den Plan, wenn wir kurzfristig viel Energie benötigen, was sowohl bei positiven als auch negativen Stresszuständen der Fall ist: bei einer bevorstehenden Prüfung, der Premiere eines Bühnenstücks, einem Liebesgeständnis oder einer körperlichen Anstrengung (wenn man z. B. versucht, noch in letzter Sekunde einen Bus zu erwischen).

In diesen herausfordernden Lebenssituationen sind wir aufgeregt. Unser Körper muss mehr Arbeit leisten, um diese Aufgaben bewältigen zu können. Wir atmen schneller ein und aus als üblich und atmen daher verstärkt in den Brustraum unseres Körpers. Der Effekt ist, dass wir auf diese Weise vermehrt Atemluft aufnehmen und die dadurch entstehende Energie direkt in Emotionen und Bewegung umsetzen können.

Ganz anders verhält es sich bei dem zweiten Atemtypus, der Bauchatmung, die sich in Entspannungs- und Ruhephasen einstellt. Hier verlagert sich das Zentrum unserer Atmung in den

Bauchraum. Mit jedem Atemzug hebt und senkt sich die Bauchdecke. Wir atmen auf diese Weise, wenn wir uns beispielsweise für einen Moment auf dem Sofa ausruhen, meditieren und uns auf unseren Körper besinnen oder auch wenn wir gemeinsam mit dem Baby auf dem Bauch vor uns hindösen. Diese Atemtechnik unterstützt unsere Regeneration, das heißt, sie hilft unserem Körper in Ruhephasen beim Wiederauffüllen der Energiespeicher. Während der Bauchatmung richten wir unsere Aufmerksamkeit interessanterweise direkt nach innen. Wir spüren uns in diesen Momenten der Besinnung wieder deutlicher und werden uns unseres Körpers bewusster.[4]

Mir kam die Idee, dass ich den durch den Kissenparcour erzeugten Effekt, wie er sich in Liedloffs Demonstration zeigte, auch durch eine spezifische Bauchatmung erzielen könnte. Die Eltern ziehen für einen Moment die Aufmerksamkeit vom Kind ab und konzentrieren sich beim Atmen ausschließlich auf die Auf- und Abbewegungen der eigenen Bauchdecke. Meine Überlegung war, durch die Konzentration auf die Atmung gleich mehrere positive Effekte zu bewirken: Einerseits ist die Mutter während der Übung mit etwas anderem beschäftigt als den Sorgen um ihr Baby, ihre Aufmerksamkeit wird so gebündelt und auf eine andere Tätigkeit gelenkt. Zweitens führt die Atmung in den Bauchraum neben der Aufmerksamkeitslenkung auch zu einer allgemeinen Entspannungsreaktion, die sich sonst nur in Zuständen von Sicherheit einstellt. Und drittens spürt das Baby sofort die Entspannung des Erwachsenen, der die Übung macht.

---

4 Ich lernte die Technik der Bauchatmung in den 1980er Jahren erstmals bei dem amerikanischen Körperpsychotherapeuten Will Davis kennen. Er hatte in seiner psychotherapeutischen Arbeit als Erster auf die besondere Bedeutung der Bauchatmung bei Behandlungen von Menschen mit frühen Beziehungstraumatisierungen hingewiesen. Ihm fiel auf, dass diese Patienten unter dem Einsatz dieser Atemtechnik ein bisher von ihnen unbekanntes Gefühl von innerer Sicherheit und Ruhe entwickelten. Sie schienen durch diese bauchzentrierte Atmung zu sich selbst zu kommen und sich mehr zu spüren, als es sonst im Alltag der Fall war (Davis, 1999).

Es merkt, dass die Mutter mit ihrer Wahrnehmung wieder in ihrem eigenen Körper angekommen ist. Heute sprechen wir von einem Zustand der Verkörperung oder eines »Embodiments« (Storch et al., 2017).

Das Baby antwortet direkt auf diese einsetzende Entspannungs- und Öffnungsreaktion des erwachsenen Begleiters. In dem Augenblick, in dem die Mutter sich durch die Atmung mit ihrem Körpererleben verbindet, wird sie für das Baby wieder zu einem Ort der Sicherheit. Das Baby kann nun loslassen und sich fallen lassen sowie seine erhöhte Aufmerksamkeit von der Umwelt abziehen und vertrauensvoll auf das Innere seines Körpers richten.

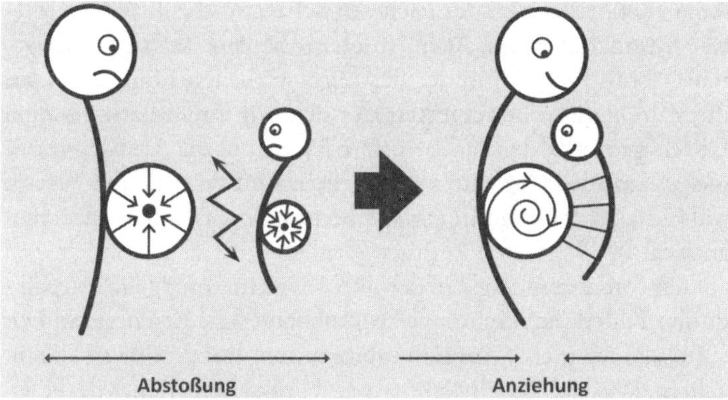

Abb. 9: Wirkungen der Bauchatmung auf die Kontaktfähigkeit der Eltern

Die Idee war einfach und plausibel und das Vorgehen könnte den Eltern auch in akuten Krisen mit ihren schreienden Babys etwas Sinnvolles an die Hand geben, das ihnen helfen könnte, sich selbstwirksam in einen Zustand der Stabilität und inneren Sicherheit zurückzubringen. Unsicher war ich mir anfangs, ob diese Vorgehensweise auch dann funktionieren würde, wenn sich die Betroffenen mit einem schreienden Baby auf dem Arm im Behandlungsraum konfrontiert sahen? Wäre es Eltern möglich, sich trotz des Schreiens auf ihre Atmung zu besinnen und den beschriebenen Öffnungsprozess zu initiieren?

Das Prinzip der ansteckenden Gesundheit

Die Nagelprobe war für mich eine 25-jährige Mutter, die mit ihrem sehr aufgeregt schreienden, vier Monate alten Säugling in die Krisenambulanz kam. Die Mutter war am Ende ihrer Kräfte, da die lang anhaltenden Schreiphasen ihres Sohnes bereits wochenlang anhielten. Die Mutter wirkte komplett verunsichert. Jede Regung des Kindes wurde von ihr begutachtet und sofort mit einer ganzen Reihe von ablenkenden Aktivitäten beantwortet. Die Angst der Mutter vor der nächsten Schreiattacke ihres Säuglings war förmlich greifbar. Also bat ich die Mutter nach einer längeren Gesprächsphase, in der ich mich nach den Hintergründen ihrer Probleme erkundigt hatte, es sich mit ihrem Baby auf dem Boden gemütlich zu machen. Die Mutter wurde im Sitzen mit Kissen und Decken unter den Beinen und Armen unterstützt, sodass sie ihren Sohn möglichst bequem vor dem Bauch halten konnte.

Ich forderte sie auf, bei der nächsten Einatmung eine Verbindung zu ihrem Bauchraum herzustellen und die Aufmerksamkeit für einen Moment vom Baby abzuziehen. Dabei solle sie darauf achten, wie sich bei jeder Atembewegung ihre Bauchdecke an den Körper ihres Babys anschmiege. Die Atmung in den Bauchraum, so erklärte ich ihr, baue gleichermaßen eine Verbindung und Nähe zu sich selbst, aber auch zu ihrem Baby auf. Sie hörte meinen Ausführungen aufmerksam zu und spürte mit geschlossenen Augen nach, wie sich der Sauerstoff bei jedem Atemzug in ihrem Körper ausbreitete und die Bauchdecke sich sanft gegen ihr Baby drückte. Schon nach wenigen Atemzügen ließ sich ein ähnlicher Effekt beobachten wie bei der Kissenübung von Liedloff. Die Mutter war so in sich versunken, dass sie förmlich ihr Baby, das zu Beginn immer noch unruhig und quengelnd auf ihrem Bauch lag, vergaß. Sie tauchte ganz in den inneren Kosmos ihres Körpers ein. Auch das Baby schien von dem aufsteigenden Wohlbehagen der Mutter angesteckt zu werden. Wirkte es gerade noch gespannt und unzufrieden, glätteten sich nun die gespannten Gesichtszüge und ein Ausdruck der Zufriedenheit legte sich auf das Kind. Im Raum entfaltete sich eine tiefe Ruhe und Wärme, die auch mich erfasste. Besonders faszinierte mich, mit welcher enormen Geschwindigkeit sich der Wandel vollzog.

Die Bauchatmung eröffnete einen wichtigen Prozess für meine Arbeit, den ich später mit dem Begriff der *»Selbstanbindung«* bezeichnete. Die Atmung ist lediglich ein Mittel, mit dem eine tiefe, innere Verbundenheit zum Körper eingeleitet wird. Sie hilft nicht nur dabei, einer zuvor verunsicherten Mutter Halt zu geben, sondern führt auch zur Übertragung des Gesundheitszustands. Indem die Eltern beginnen, sich und ihren Körper zu erleben, werden sie für ihr Baby wieder körperlich spürbar und emotional verfügbar. Das Baby bekommt ein verlässliches Gegenüber zurück und reagiert darauf mit Entspannung.

Im Laufe der Zeit entwickelte ich auch andere Methoden, um diesen Prozess der Selbstanbindung zu eröffnen. Spezifische Körperberührungen, Vorstellungs- und Wahrnehmungsübungen erzielen denselben Effekt wie die Bauchatmung. Nicht die Methode ist entscheidend, sondern dass die Eltern einen inneren Zugang zu ihrem Körper herstellen, auf den ihr Baby in positiver Weise reagieren kann: Sie lassen sich fallen, sie entspannen, sie werden ruhiger und insgesamt werden sie emotional zugänglicher.

Wirkungen der Selbstanbindung

Als ich die Bedeutung der Selbstanbindung für meine Arbeit erkannte, war mir schnell klar, dass es sich hierbei um einen entscheidenden Faktor handelte für die gezielte Unterstützung der Beziehungsfähigkeit von jungen Eltern von Beginn an. Es ist eindrucksvoll, wie schnell und direkt sich die Veränderungen einstellen, sobald Eltern das Prinzip der Bauchatmung anwenden. Die Eltern spüren eine tiefe *Stille und Ruhe* in sich, die sie im Zusammensein mit ihrem Baby nur selten zuvor erfahren haben. Oft berichten Eltern, während sie sich dieser Atemmethode bedienen, wie sie schon nach wenigen Atemzügen in einen anderen Erfahrungsraum eintreten: »Es ist so, als würde ich durch eine Tür in einen anderen Raum gehen, in dem es licht und hell ist. Es wird alles ganz ruhig und still in mir. Ich habe plötzlich wieder Mut und Selbstvertrauen, dass ich alles aus eigener Kraft schaffen werde.«

Beginnt die Selbstanbindung in den Eltern wirksam zu werden, kommt es spontan zu einer *verbesserten Abstimmung* mit den Bedürfnissen, Gefühlen und Körperreaktionen ihres Säuglings. Es ist immer wieder verblüffend, wie zuvor noch orientierungslose und verunsicherte Eltern durch die Wirkung der Bauchatmung innerhalb kurzer Zeit besser in der Lage sind, sich mit den Befindlichkeiten ihres Babys abzustimmen, zu dem sie doch kürzlich noch keinen Zugang finden konnten. Die angeborene Qualität der Feinfühligkeit der Eltern stellt sich ein.

Anhaltende Angst- und Belastungszustände oder auch nicht verarbeitete Traumatisierungen haben eine überaus schwächende Wirkung auf die Fähigkeit der Eltern, den passenden Tanzrhythmus mit ihrem Säugling zu finden. Die Wiederherstellung der Selbstanbindung stellt den negativen Effekten von Stress und Ängsten etwas Aufbauendes entgegen. In der Praxis lässt sich beobachten, wie die Eltern spontan einfühlsamer werden, sobald sie sich in ihrem Körper wieder mehr wahrnehmen.

> Ein weiteres Beispiel ist Mirjam, die gleich im ersten Semester ihres Wirtschaftsstudiums im Alter von 20 Jahren schwanger wurde. Der Vater studierte ebenfalls noch an der Universität und das bevorstehende und abschließende Examen forderte seine ganze Aufmerksamkeit. Obwohl er sich sofort zu dem Kind und der Partnerschaft bekannte, vergingen einige Wochen, in denen die Mutter immer wieder

die Möglichkeit einer Abtreibung erwog. Nachdem sie sich im vierten Monat für das Kind entschieden hatte, folgte eine sehr anstrengende Schwangerschaft mit regelmäßigen Blutungen ab dem sechsten Monat und verfrühten Wehen.

Mirjam wurde deshalb medikamentös behandelt und musste daher viel liegen. Die Wehen hemmenden Mittel hatten starke Nebenwirkungen, am meisten machten ihr aber die innere Unruhe und häufigen Angstzustände zu schaffen. Als ihr Sohn Simon dann in der Geburtsklinik zur Welt kam, schien der Spuk der anstrengenden Schwangerschaftszeit vorerst vorbei zu sein. Aber schon drei bis vier Wochen nach der Geburt begann Simon, in den Abendstunden und der Nacht viel zu schreien. Mirjam reagierte zunehmend verunsichert, weil ihr Sohn während der Unruhe- und Schreiphasen häufig den Blickkontakt vermied. Das verstärkte das Gefühl der Mutter, sie sei nicht die richtige Person für ihren Sohn und sie würde zudem alles falsch machen. In den ersten Beratungssitzungen – sie kam als Simon vier Monate alt war – wirkte Mirjam sehr angespannt. Sie schien ständig auf dem Sprung zu sein, jederzeit bereit aufzuspringen, um im Raum herumzulaufen.

Als ich sie bat, für einen Moment mit Simon auf der Matratze am Boden Platz zu nehmen, hatte sie wenig Hoffnung, dass dies lange möglich sein könnte. Sie erwartete jeden Augenblick den nächsten Schreiausbruch ihres Babys. Nachdem sie es sich mit einigen Kissen etwas bequemer gemacht hatte, fiel mir auch hier ihre angestrengte Haltung auf. Trotz der vielen Polster konnte sie in der ersten Phase der Sitzung keine wirklich bequeme Position finden. Ich machte sie darauf aufmerksam, fragte sie, ob sie noch etwas brauche, aber sie wiederholte, dass sie nicht glaube, dass es lange mit Simon gut gehen würde. Sie hielt dabei die ganze Zeit über den Jungen im Arm. Sein Kopf hing für meinen Geschmack etwas tief, da sie den Nacken des Säuglings nur wenig stützte. Nachdem ich ihr die Bauchatmung erläutert

> hatte, begann sie sanft zu atmen. Sofort stellte sich für sie ein Gefühl von Nähe und Wärme zu ihrem Sohn ein. Lag das Kind gerade noch völlig verhalten und gespannt auf ihrer Vorderseite, schien es plötzlich mit den ersten Atemwellen, von denen es geschaukelt wurde, tiefer zu sinken. Simon begann loszulassen und sich zu entspannen. Er sackte förmlich in den Körper seiner Mutter ein. Von außen betrachtet schien es jetzt zwischen den beiden zu passen. Interessant war, dass sie nun auch anfing, spontan ihre Positionierung und Sitzhaltung zu verändern. Sie sagte mir, dass sie nicht bequem sitze und das mal ändern müsse. Also ruckelte sie sich in den Kissen neu zurecht und stopfte sich weitere Kissen unter die Ellbogen. Dadurch schien auch der Kopf von Simon plötzlich besser gelagert zu sein.

Mit diesem Beispiel möchte ich verdeutlichen, wie die Mutter ganz intuitiv erfasst, was das Zusammensein mit Simon stimmig und passend gestaltet. So leitet sie selbstständig die notwendigen Korrekturen ein, was ihr sofort ein verstärktes Gefühl von Selbstwirksamkeit vermittelt. Leitsystem für ihre veränderte Körperhaltung und die neue Positionierung ihres Babys ist die Suche nach einem stimmigen Körpergefühl. Erst dann, wenn es sich in ihr gut anfühlt, kommt der Prozess zum Abschluss.

Selbstanbindung schafft eine *verbesserte Wahrnehmung des Körpers* und führt dazu, dass sich Betroffene instinktiv besser auf ihr Kind einstellen können, zum Beispiel in Bezug auf die richtige Regulation von Nähe und Distanz zum Kind, die passende Berührungsintensität oder die ideale Körperposition während des Stillens oder einer längeren Schreibegleitung des Babys.

Ein weiterer Effekt der ruhigen Bauchatmung ist das sich umgehend einstellende Nähe- und Verbundenheitsgefühl zum Kind. Eine Mutter beschrieb es in einer Krisenintervention so: »Ich habe plötzlich den Eindruck, als würde mir mein Baby wieder unter die Haut gehen. Es berührt mich und macht mich weich. Vorher war ich irgendwie nur cool und distanziert.« Andere

Mütter berührt die Öffnung während der einsetzenden Selbstanbindung vor allem im Herzen. Sie nehmen es als »groß, weich und berührbar« wahr.

Die Selbstanbindung führt zudem zu einer *besseren Abgrenzung* vieler Eltern. Es ist verblüffend zu sehen, wie junge Mütter, die vorher kaum Toleranz für das Weinen ihrer Babys zeigten, nun »ein dickeres Fell« bekommen. Die Betroffenen können sich besser abgrenzen und nehmen das Schreien weniger persönlich als vor der Anwendung der Bauchatmung. Sie beschreiben sehr präzise, wie es ihnen besser gelingt, zwischen ihren Gefühlen und denen des Babys zu unterscheiden. Diese Differenzierung hilft ihnen dabei, ihr »reales« Baby wieder deutlicher zu sehen. Während der Realitätskontakt und die gefühlte Liebe zum Baby stärker werden, lassen auf der anderen Seite die negativen Gefühle – der Ärger, die Enttäuschung oder unangemessene Angst vor dem Baby – nach.

Indem die Eltern lernen, ihren Körper im Zusammensein mit dem Kind wieder zu spüren und als Quelle des Wohlbefindens zu erleben, werden uralte evolutionäre Programme und Anlagen freigeschaltet. Die Entwicklung der elterlichen Feinfühligkeit, die als Basis jeder guten Bindung gilt, kann sich nun voll entfalten. Selbstanbindung eröffnet den Eltern die Pforten zu einer neuen Form der Körperintelligenz, die ihnen Orientierung und Vertrauen im Kontakt mit ihren Babys gibt.

Teil III
Praxis des betreuten Babyweinens

12 Vorbereitungen für die bindungsbasierte Weinbegleitung

Auswege aus dem Dilemma

Bevor Sie Ihre bisherige Strategie aufgeben und eine neue Haltung gegenüber den Emotionen Ihres Kindes im Allgemeinen und im Besonderen einnehmen, denken Sie noch einmal kurz darüber nach, was Sie aufgeben möchten und warum.

Worin besteht genau Ihr Dilemma, das zugleich das Dilemma der meisten Eltern in den westlichen Industrienationen ist? Was hat Sie Wochen und Monate dazu bewogen, stundenlang durch den Park zu laufen und ihr Baby endlos zu schaukeln, bis Ihnen vor Erschöpfung die Augen zufallen? Warum fahren Sie nach Feierabend mit dem Auto über holperige Pflastersteine in der Hoffnung, Ihr Kind auf diese Weise zum Schlafen zu bewegen? Wieso machen Sie freiwillig all diese – bei Licht betrachtet – doch recht eigenartigen Dinge?

Der Grund hierfür ist eine felsenfeste Überzeugung, die Sie wahrscheinlich mit zahlreichen Eltern in den heutigen Industriestaaten teilen, nämlich die Annahme, dass Sie Ihrem Baby oder Kleinkind – wenn Sie sich nur genügend Mühe geben – jeden Schmerz, jede Spannung, jede Trauer und damit jeden Ausdruck seines Kummers ersparen und abnehmen könnten. Diese Annahme ist das Herzstück einer Elternideologie, die tief in unserer Kultur verwurzelt ist. Sie hat einen enormen Einfluss darauf, wie wir als Eltern heutzutage mit dem Gefühlsausdruck unserer Säuglinge und Kleinkinder umgehen.

Wenn Sie dieser Idee gefolgt sind, dann haben Sie mit Ihren unterschiedlichen Beruhigungsversuchen Ihr Baby bei Laune gehalten und verzweifelt versucht, eine Sache zu retten, die eigentlich nicht zu retten ist. Zwei Gründe waren – trotz aller Anstrengung – ausschlaggebend dafür, dass Sie mit Ihrem Kind auf dem Arm schaukelnd durch die Wohnung gelaufen sind, um es von seinen wahren Befindlichkeiten abzulenken: Zum einen konnten Sie dadurch zumindest zeitweilig die befürchteten Schreiattacken ihres Kindes verhindern, zum anderen mussten Sie Ihre eigene Hilflosigkeit nicht so bedrängend erleben. Ihr Laufen, Schaukeln, Singen oder Tanzen übertönt Ihre eigenen Gefühle und lassen sie so moderater erscheinen. Es ist eine Art Überlebensstrategie für den Alltag mit Ihrem Kind. Wenn Sie diese Vorgehensweise nun loslassen und beginnen, der Ausdruckssprache Ihres Kindes ein Ohr zu schenken, dann benötigen Sie ab sofort andere, bessere Sicherungsleinen, die Sie davor schützen, von den starken Gefühlen Ihres Babys mitgerissen zu werden.

Der Weg, den ich Ihnen hier vorschlage, ist im Prinzip einfach. Aber er erfordert Mut, Ausdauer und eine gute Vorbereitung, damit Sie das Ziel erreichen. Dieser Weg hat das Potenzial, Sie intensiver mit den Gefühlen und Bedürfnissen Ihres Kindes in Kontakt zu bringen. Womöglich werden Sie hierbei auch eigene Gefühle wiederentdecken, die lange Zeit in Ihnen unterdrückt wurden und verschüttet waren. Beide Erfahrungen können für Sie neu und am Anfang herausfordernd sein. Nicht immer ist es ratsam, diesen neuen Weg ganz alleine zu gehen. Ich empfehle Ihnen deshalb, die ersten Schritte bei der Unterstützung des Babyweinens in Begleitung eines erfahrenen professionellen Helfers anzugehen. Am Ende des Buches finden Sie weitere Informationen und Kontaktdaten, wie und wo Sie den nächsten Berater und Eltern-Baby-Therapeuten in Ihrer Nähe finden.

Bevor Sie nun zu dieser neuen und aufregenden Reise aufbrechen, möchte ich noch über einige strukturelle und räumliche Voraussetzungen sprechen, die in jedem Fall nötig sind, um Ihr Baby in seinen zukünftigen Schreiprozessen gut begleiten zu können.

Babyschreien braucht Zeit und Raum

Wenn Sie Ihr Baby das erste Mal bewusst bei einem intensiven Schreiprozess begleiten, sollten Sie dafür sorgen, dass Sie ausreichend Platz und Zeit haben. Wenn Sie es sich mit Ihrem Baby auf dem Sofa gemütlich machen, sollten Sie genügend bequeme Kissen und Decken griffbereit haben. Ein begleiteter Weinprozess kann durchaus eine Stunde oder länger andauern und in dieser Zeit sollten Sie den von Ihnen gewählten Platz nicht verlassen. Deshalb ist es wichtig, dass Sie in einer Position sitzen, in der sie einen längeren Zeitraum über mit Ihrem Kind im Arm verbleiben können. Und dies geht definitiv besser, wenn Ihre Extremitäten durch Polsterungen jeglicher Art gestützt werden. Die Kissen nehmen uns viel Haltearbeit ab, und das erleichtert die Angelegenheit ungemein.

Manchmal kommt es bei den ersten Begleitungen des Babyweinens zu starken körperliche Reaktionen. So können die Halt gebenden Weinbegleitungen Ihres Kindes von starken Schweißausbrüchen begleitet werden. Gelegentlich sind sie derartig heftig, dass sowohl Sie als auch Ihr Baby während der Schreibegleitung klitschnass sind. Umso wichtiger, dass die Decken in Reichweite liegen, damit Sie sich und Ihr Kind vor einer Auskühlung schützen können.

Für die ersten Weinbegleitungen Ihres Babys sollten Sie unbedingt genügend Zeit einplanen. Nach einem Schreiprozess möchte Ihr Baby auf Ihrem Bauch liegen, einschlafen und einfach nur die Nähe zu Ihnen genießen. Auch für Sie selbst wird dies ein besonderer Moment der Begegnung sein. Nur wenn Sie über ausreichend Zeit verfügen, werden Sie diese bezaubernde, emotionale Erfahrung in vollen Zügen genießen und in sich aufnehmen können. Es ist weder für Sie noch für Ihr Baby gut, wenn Sie plötzlich Hals über Kopf aufspringen, weil Ihnen plötzlich einfällt, dass Sie Ihr älteres Kind noch pünktlich aus dem Kindergarten abholen müssen. Auch ist es wenig sinnvoll, kurz vor einem angekündigten Besuch eine derartige emotionale Begleitung zu starten. Die Gefahr ist groß, dass Sie sich Ihren Gästen verpflichtet fühlen und den gemeinsamen Prozess mit Ihrem Baby abbrechen müssen oder diesem zumindest nicht jenen Raum geben können, den es eigentlich bräuchte. Es ist deshalb ganz in Ihrem eigenen Sinne, wenn Sie sich genügend Zeit für diese Begleitung einräumen, um ein ungestörtes Beieinander zu ermöglichen. Das wunderbare Gefühl von Sättigung und Erfüllung wird es Ihnen lohnen.

Sorgen Sie für genügend Rückhalt

Eltern, die sich dazu entschließen, einen ersten Weinprozess Ihres Babys zuzulassen und zu unterstützen, benötigen sehr viel Rückhalt. Es ist sehr wichtig, dass Sie sich als Eltern einig sind, Ihrem Kind den Raum für seine Gefühle zu geben. In der Praxis erlebe ich immer wieder, dass einer der Beziehungspartner dem Weg des betreuten Babyweinens sehr kritisch gegenübersteht oder diesen Weg gar offen ablehnt. Es wird manchmal von dem einen Partner als Vertrauensbruch oder Verrat erlebt, wenn der andere diesen Weg der Weinbegleitung einschlägt, ohne ihn darüber zu informieren. Alleingänge wie diese hinterlassen dann oft tiefe Spuren.

Spielen sie mit offenen Karten, sprechen Sie über ihre Sichtweisen und Gefühle in Bezug auf das Weinen Ihres geliebten Kindes. Die Voraussetzungen für das begleitete Babyweinen sind gut, wenn Sie beide an einem Strang ziehen. Vielleicht spüren Sie und Ihr Partner ja gemeinsam, dass es so nicht weitergehen kann. Die vielen Stunden, die Sie damit verbringen, Ihr Baby zu beruhigen und von seinen unlustvollen Gefühlen abzulenken, fordern schließlich ihren Tribut. Manchmal sind beide Elternteile bereits erschöpft und am Ende Ihrer Kräfte angekommen. Wie auch immer Ihr Partner dazu steht, es wäre gut, Sie würden sich für einen gemeinsamen Umgang mit dieser Situation entscheiden.

Wenn Sie sich als Paar einig sind, wird irgendwann der Moment kommen, an dem Sie merken, dass Ihr Baby nicht mehr zu stoppen ist, das es partout nicht aufhören möchte zu weinen. Vielleicht haben Sie bereits einige Ihrer üblichen Beruhigungsstrategien ausprobiert, aber an diesem Tag will einfach nichts greifen, Ihr Baby scheint völlig unbeeindruckt von Ihren Bemühungen zu sein. Wenn Sie all das probiert haben und Ihre Stimmung es zulässt, etwas Neues auszuprobieren, dann käme jetzt der Schritt, die ablenkenden Angebote für einen Moment einzustellen. Wenn Sie sich in der richtigen Verfassung fühlen, setzen Sie sich hin und geben nicht erneut den Sauger. Stellen Sie sicher, dass der Hunger Ihres Babys definitiv gestillt ist. Wahrscheinlich haben Sie ihm schon mehrfach zuvor das Milchfläschchen oder die Brust angeboten, was Ihr Baby abgelehnt hat.

Gerade bei den ersten Erfahrungen des »betreuten Babyweinens« ist es überaus stärkend, wenn Mutter und Vater gemeinsam die Gefühle ihres Babys begleiten. Hierbei hat sich bewährt, wenn der Vater sich hinter die Mutter setzt, die das Baby vor sich positioniert. In diesem Fall kann sich die Mutter anlehnen, erfährt einen effektiven Rückhalt und ist mit ihren herausfordernden Gefühlen während des Schreiprozesses ihres Babys nicht alleine. Gerade für Eltern, die eine schwierige Geburt erlebt haben oder das anschließende Bonding nicht gemeinsam erfahren konnten, ist diese »Päckchen-Position« sehr wohltuend und heilsam. Betroffene Eltern empfinden nach diesen ersten Weinbegleitungen eine große Dankbarkeit, da sie etwas bekommen haben, was ihnen bei der Geburt ihres Kindes gefehlt hatte. In diesen Fällen hat das bindungsbasierte Babyweinen gleich mehrere Effekte. Einerseits bekommt das Baby nun Raum für seine Gefühle, andererseits erfahren die Eltern eine tiefe Verbundenheit mit ihrem Kind, die sie zuvor nicht erleben konnten.

Manchmal sind Stress und Unsicherheit allerdings so mächtig, dass weder die körperliche Nähe Ihres Partners noch die besprochenen Methoden der Stressregulation ausreichen, um den gewünschten Zustand der inneren Stabilität aufzubauen. Obwohl Ihr Partner jetzt ganz nahe bei Ihnen ist, Sie umarmt und mit Körperwärme versorgt, fühlen Sie sich unter Umständen trotzdem alleine. Seien Sie an diesem Punkt ehrlich zu sich und Ihrem Partner und sprechen Sie Ihre Gefühle der Unsicherheit an. Sie sollten in jedem Fall, wenn Sie Ihren Partner noch nicht ganz mit ins Boot holen konnten, das Projekt der Weinbegleitung vorerst unterbrechen. Es läuft Ihnen nichts weg. Sie müssen jetzt zuerst dafür sorgen, dass Sie sicheren Boden unter den Füßen spüren. Falscher Ehrgeiz ist in diesem sensiblen Bereich nicht förderlich.

Sollten Sie spüren, dass Sie das Babyweinen zu sehr bedrängt oder gar ängstigt, dann verlassen Sie die sitzende Position und bewegen sich mit Ihrem Kind auf dem Arm im Raum herum. Sprechen Sie weiter mit Ihrem Partner und teilen ihm mit, dass Sie sich angestrengt und belastet fühlen. Auch mit Ihrem Baby können Sie sprechen! Sagen Sie ihm, warum Sie jetzt aufstehen, was Ihnen Sorgen bereitet und dass Sie sich um eine Verbesserung Ihrer Lage kümmern möchten. Manchmal hilft diese kleine Verschnaufpause, um sich innerlich noch einmal zu sortieren und Klarheit zu schaffen, wann der passende Moment ist, in dem Sie die Gefühle mit Ihrem Kind teilen wollen.

Machen Sie sich immer wieder klar, dass die Begleitung der Tränen Ihres Babys nur dann Sinn macht, wenn Sie sich innerlich dazu in der Lage fühlen. In der Praxis erzählen mir auch jene Eltern, die schon Erfahrungen mit dem begleiteten Babyweinen sammeln konnten, dass sie zuvor manchen Anlauf gebraucht und nicht selten wieder abgebrochen hätten, bevor sie sich innerlich zu diesem Schritt bereit erklären konnten. Machen Sie sich also klar, dass allein Sie die Zügel in der Hand halten. Lassen Sie sich auf keine intensive Schreibegleitung ein, wenn Sie sich unsicher fühlen, nicht überzeugt sind oder Ihnen der familiäre Rückhalt fehlt. Es ist völlig in Ordnung, dass Sie vorerst die bisher genutzten Strategien und Pflegeangebote weiter einsetzen. Selbst dann, wenn Sie merken, dass diese nicht die optimale Lösung sind, so haben Sie Ihnen doch gut dabei geholfen, den Kopf über Wasser zu halten.

Im Sinne eines gestuften Vorgehens kann es in solchen Fällen, in denen Sie sich noch nicht bereit fühlen, sehr vernünftig sein, wenn Sie vorerst mit Ihrem Baby auf dem Arm eine Weile durch den Raum gehen und dabei die besprochene Methode der Bauchatmung erproben. Oder Sie beobachten Ihre Körperwahrnehmungen, die sich einstellen, sobald Ihr Baby seine Gefühle ausdrückt. Beides kann Ihnen dabei helfen, aus sicherer Distanz erste Erfahrungen mit dem Schreien Ihres Babys zu machen. Schon die Tatsache, dass Sie sich selbst im Blick behalten und Ihre Stresszustände wahrnehmen und regulieren, führt vielfach zu einer Besserung der Situation, in der Sie sich aufgeräumter und abgegrenzter fühlen als zuvor.

Die Positionierung des Babys während des Weinens

Kommen wir nun zu der Frage, wie Sie Ihr Baby am besten am Körper positionieren, wenn es von einem intensiven Weinkrampf geschüttelt wird. Wichtig ist an dieser Stelle, dass Sie sich klarmachen, dass jedes lösende Babyweinen aus Sicht Ihres Kindes mit Anstrengung und Stress verknüpft ist. Es befindet sich in diesen Schreiphasen in einem sehr verletzlichen Zustand und benötigt daher möglichst viel Halt und Sicherheit von außen.

Hierzu ein Vorschlag: Positionieren Sie Ihr Baby während des Schreiprozesses am besten in Bauchlage auf Ihren eigenen Bauch- und Brustbereich. Das Köpfchen Ihres Kindes liegt dabei etwa in der Mitte Ihres Brustkorbes. Sollte Ihr Baby bereits aufgeregt schreien, rudert es möglicherweise kräftig mit den Armen und Beinen und überstreckt seinen Rücken. Hierauf gehe ich im kommenden Kapitel, wenn ich die einzelnen Phasen des Babyweinens beschreibe, noch genauer ein.

Um ihrem Kind während seines aufgeregten Schreiens möglichst viel Halt und Stabilität zu vermitteln, wäre es gut, wenn Sie Ihren Arm und eine Hand um den Oberkörper Ihres Kindes legen. Manchmal stützen Sie es noch besser, wenn Sie seine Arme leicht unter Ihren Achseln fixieren. Durch diese Position wird verhindert, dass es sich in seinen hektischen Bewegungen zerstreut und zunehmend haltlos wird. Insofern wird Ihr Baby Ihnen dafür dankbar sein. Machen Sie sich klar, dass Sie Ihr Baby nicht festhalten, sondern ihm durch Ihre Halt gebende Berührung sowie durch die schaukelnden Bewegungen Ihrer Bauchdecke fortlaufende Körpersignale senden, die deutlich machen, dass Sie ganz für es da und verfügbar sind.

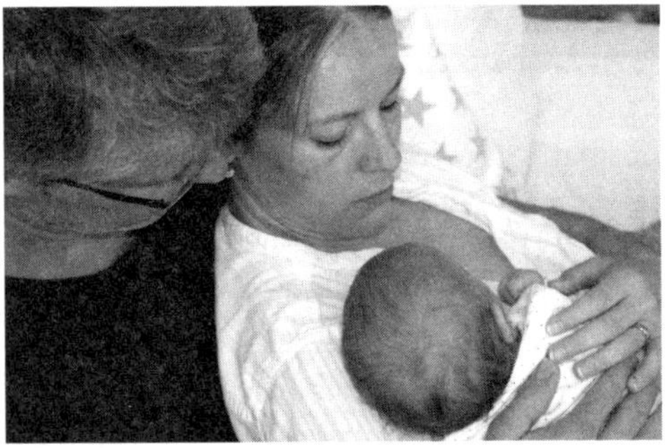

Abb. 10: Positionierung des schreienden Säuglings am Körper der Eltern

Manchmal fällt es den Eltern sehr schwer, ihr Baby zu halten und seine Bewegungsfreiheit einzuschränken, wenn sich sein Weinen noch steigert. Wichtig ist mir an dieser Stelle noch einmal zu betonen, dass das Erleben von Halt und Sicherheit für Ihr Baby daran geknüpft ist, dass Sie kontinuierlich die achtsame und liebevolle Verbindung zu Ihrem Körper bewahren und das Hauptaugenmerk nicht auf einem krampfhaften Festhalten liegt. Die stabilisierende Berührung soll den inneren Halt lediglich liebevoll unterstützen, jedoch nicht ersetzen. Würden Sie Ihr Baby fest an sich drücken, während Sie sich total verunsichert oder gar ohnmächtig erleben, dann wird Ihr Baby sich mit Ihrem Stress und Ihrer Unsicherheit verbinden, ganz egal, wie fest Sie es in den Armen halten. Und einen weiteren Punkt möchte ich an dieser Stelle erwähnen. Ihr Baby kennt diesen umschließenden engen Körperkontakt aus der Zeit der Schwangerschaft und Geburt, insbesondere während der Geburt ist das Ungeborene über Stunden fest umschlossen und die freie Bewegung der oberen Extremitäten nicht möglich. Lediglich über die Beine wird Schubkraft ausgeübt, sodass es sich mithilfe der Wehentätigkeit der Mutter durch das Becken hindurchbewegen kann. Aus dieser Perspektive ist somit die Erfahrung des engen Umschlossenseins, wie wir es in den Weinbegleitungen des Babys praktizieren, eher ein vertrautes Déjà-vu-Erlebnis als ein unfreiwilliger Akt.

Den Körper achtsam beobachten

Damit Sie Ihr weinendes Baby mit einem sicheren Gefühl begleiten können, ist es hilfreich, wenn Sie sich mit den Wahrnehmungen Ihres Körpers verbinden. Damit dies gelingt, werden Sie einen Teil Ihrer Aufmerksamkeit dafür benötigen, um die verschiedenen Körperempfindungen wie Wärme-, Enge- und Spannungszustände während des Schreiprozesses Ihres Babys zu beobachten. Durch diese achtsame und liebevolle Hinwendung zu Ihren inneren Körperzuständen werden mehrere Ziele erreicht:

Zum einen hilft Ihnen die achtsame Beobachtung Ihres Körpers eine bessere innere Orientierung zu entwickeln. Ihre Körperwahrnehmung wird für Sie zu einem inneren Referenzpunkt, der Ihnen hilft festzustellen, ob Sie noch genügend festen Boden unter den Füßen haben. Solange es Ihnen gelingt, die Selbstwahrnehmung Ihres Körpers und Ihrer Gefühle aufrechtzuerhalten, können Sie sicher sein, dass Sie ein hinreichendes inneres Sicherheitsgefühl entwickeln. Eine Mutter beschrieb es mal so: »Wenn ich die Verbindung zu meinem Körper halte, dann wirkt das wie ein Rettungsring, der verhindert, dass ich untergehe.«

Achtsame Eltern müssen somit lernen, ihre Aufmerksamkeit zu teilen: Ein Teil ist beim Baby und seinen emotionalen und körperlichen Erlebens- und Verhaltensreaktionen, während ein anderer Teil sich auf das Innere ihres eigenen Körpers richtet. Während Ihr Baby weint, sollten Sie bei sich bleiben und spüren, was in Ihrem Körper geschieht und welche Veränderungen sich dort abspielen. Wenn Ihr Baby nach einem anstrengenden Tag, an dem Sie zahlreiche Erledigungen machen mussten, seine Überforderung kundtut, können Sie es feinfühlig und verständnisvoll in Ihren Armen schaukeln. Spüren Sie die Wärme in Ihrem Bauch und den Kontakt Ihrer Füße mit dem Boden. Vielleicht fühlen Sie sich sicher und standfest. Wenn das Schreien sich steigert und sich vielleicht kein absehbares Ende abzeichnet, werden Sie möglicherweise unruhiger und beginnen zu grübeln. Ihre Sorgen könnten jetzt die Führung übernehmen und Sie fragen sich, ob Sie nicht doch eine Erkrankung übersehen haben, die der Grund für diese heftigen Schreiphasen ist. Ein derart sorgenvoller Gedankenstrudel sowie die stark zunehmende Körperspannung und innere Unruhe, die Sie jetzt wahrnehmen, sind Hinweise darauf, dass Sie gerade Ihre Selbstanbindung und damit das Sicherheitsgefühl verlieren. Egal, wie paradox es für Sie noch immer klingt: Wenden Sie Ihren Blick nicht auf Ihr Baby, sondern auf sich selbst! Sollte Ihr Partner anwesend sein, informieren Sie ihn über Ihren Gefühlszustand. Sind Sie dagegen mit Ihrem Kind allein, dann sprechen Sie Ihre Empfindungen laut aus. Sollten Sie sich dabei komisch vorkommen, reicht es völlig aus, wenn Sie Ihre Emotionen leise oder lediglich im Geiste ausformulieren. In jedem Falle wird es Ihnen dabei helfen, das, was gerade in Ihnen los ist, besser zu verstehen. Das könnte sich so anhören: »Ich spüre, wie mein Hals enger wird. Nun merke ich, wie meine Atmung ganz flach und mühsam wird. Meine Beine fühlen sich jetzt wackelig und unsicher an. Im Moment habe ich das Gefühl, immer wieder schlucken zu müssen usw.«

Sie werden an dieser Stelle vielleicht einwenden, dass die unangenehmen Zustände Ihres Körpers doch erst deutlich spürbar werden würden, sobald Sie Ihr Augenmerk auf sich richten würden, und was, fragen Sie sich vielleicht, solle denn daran gut sein. Ich kann Sie beruhigen! Tatsächlich führt die bewusste Akzeptanz Ihres Körperempfindens zu Ruhe und Entspannung! Ja, Sie haben richtig gelesen: Sie entspannen sich und fühlen sich sicherer, sobald Sie das Unlustvolle, Belastende und Ungewollte in sich zulassen und nicht länger wegdrücken. Möglicherweise ist dieser Gedanke für Sie neu, da Sie bisher fest davon ausgegangen sind, dass sich Ihr Befinden deutlich verschlechtert, sobald Sie das Weinen ihres Babys zulassen und mit der eignen Selbstwahrnehmung beginnen.

Solche negativen Erwartungen sind für die meisten Eltern wahrscheinlich der stärkste Antrieb für die Ablenkung Ihrer Babys und Kleinkinder von ihren schwierigen Gefühlen. Vielleicht hegten auch Sie die Hoffnung, dass Sie Ihren eigenen unangenehmen Gefühlen aus dem Weg gehen könnten, wenn Sie nur Ihr Baby ausreichend bei guter Laune halten.

Auch wenn Sie das, was in Ihnen los ist, nicht wahrnehmen möchten, bleiben diese Gefühle in Ihnen erhalten und Ihr Baby wird sie spüren. Babys sind perfekte Lügendetektoren und finden daher immer heraus, was tatsächlich los ist. Ihre guten Vorsätze interessieren sie nicht. Sie reagieren wie ein feiner Seismograf einzig und allein auf die realen Körper- und Gefühlszustände ihrer Begleitperson, ob Sie das als Eltern nun wahrnehmen möchten oder nicht. Wenn Sie Ihre gegenwärtigen Gefühle und Empfindungen zulassen, dann kann Ihr Baby Sie spüren und fühlt sich sicher, sollten Sie stattdessen aber versuchen, sich Ihre unangenehmen Emotionen vom Leibe zu halten und so zu tun, als hätten Sie alles im Griff, dann verliert Ihr Baby die Verbindung zu Ihnen.

Tatsächlich brauchen Sie für die achtsame Selbstbeobachtung ein bisschen Übung, bis sie richtig rund läuft! Zu Beginn benötigen Sie hierfür vielleicht etwas Unterstützung und eine stabile Hand im Rücken. Aus diesem Grund ist es zu Beginn leichter, Ihr Körpererleben vorerst in entspannten Alltagssituationen zu entdecken.

Gelingt es Ihnen, die Verbindung mit Ihrem Körper auch dann aufrechtzuerhalten, wenn Ihr Baby weint und unruhig ist, werden Sie schnell die Vorzüge dieser neuen Haltung erleben. So führt die wertfreie Beobachtung zum Beispiel dazu, dass Sie schneller unterscheiden können, wer eigentlich das Problem hat –

Sie oder Ihr Kind? Zudem ist es für Sie viel leichter, die Botschaften des Babyschreiens zu entschlüsseln, wenn Sie selbst einen intensiven Draht zu den Empfindungen Ihres Körpers behalten.

Die Botschaften des Bindungsverlustes erkennen

Wenn Sie einen liebevollen und achtsamen Kontakt zu Ihrem Körpererleben pflegen, werden Sie klare Hinweise bekommen, wann Sie während des Zusammenseins mit Ihrem Baby Ihre Toleranzgrenze erreichen. Es gibt immer einen Moment, in dem die Qualität des Stresses umschlägt, überbordet und Sie innerlich den Löffel abgeben. Wenn dieser Zeitpunkt erreicht wird, sind Sie nicht mehr in der Lage, die Ausdrucksprozesse Ihres Babys emotional zu begleiten.

Tatsächlich realisiert Ihr Körper diesen Punkt der Überlastung viel schneller als Ihr Verstand. So kann es sein, dass Sie während einer stressigen Situation mit Ihrem Kind schon eine ganze Weile die Luft anhalten und Ihren Bauch verspannen, ohne sich dessen überhaupt bewusst zu sein.

Gelingt es Ihnen jedoch Ihre Körperanzeichen frühzeitig wahrzunehmen, werden Sie den beginnenden Kontaktverlust schneller bemerken. So kann das plötzliche Engegefühl in Ihrem Bauchraum zu einem Frühwarnsignal werden, das Sie darauf aufmerksam macht, dass Sie gerade dabei sind, Ihre innere Sicherheit zu verlieren. Über die Wahrnehmung Ihres Körpers können Sie zu jeder Zeit überprüfen, ob Ihre Selbstanbindung noch ausreichend vorhanden ist und Sie Ihrer Aufgabe als Leuchtturm Ihres Kindes noch hinreichend beikommen oder ob Sie gerade zulassen, dass die Lichter in Ihnen ausgehen.

Unsere Körpermarker sind schrill leuchtende Warnsignale, die innerlich Alarm schlagen, sobald Sie den Sicherheitskorridor im Zusammensein mit Ihrem Kind verlassen. Erste Vorzeichen Ihres Körpers sind zum Beispiel ein Engegefühl in der Brust,

»Steine« im Bauch, eine beklemmende Atmung, zusammengepresste Lippen oder die Entstehung der Stirnfalte.

Wenn sie die Frühwarnsignale ihres Körpers ernst nehmen, können Sie eigene Maßnahmen zur Selbstfürsorge einleiten, um Ihre Situation zu verbessern: Wandern Sie im Geiste einmal durch Ihren Körper, so als würden sie mit einer Taschenlampe durch einen dunklen Raum gehen, den Sie nicht gut kennen. Dort werden Sie dann im Lichtschein das eine oder andere entdecken: hier eine Verengung, dort eine Aufregung oder ein Gefühl der Kälte. Indem Sie das tun, stellen Sie wieder die Verbindung zu Ihrem Körpererleben her. Die Selbstwahrnehmung vitalisiert ihren Körper und bringt Sie in eine Verfassung zurück, die es auch Ihrem Kind wieder leichter macht, Sie als Partner zu spüren und wahrzunehmen.

Den eigenen Bauch finden

Um zu verhindern, dass die emotionale Verbindung zu Ihrem Baby dünner wird, werden Sie jedoch weitere Sicherheitsleinen benötigen, die Sie darin unterstützen, bei sich und Ihrem Kind zu bleiben. Hierfür können Sie die schon beschriebene Bauchatmung nutzen oder die »Bonding-Atmung«.

Bei der letztgenannten Atemtechnik fordere ich die Eltern in meinen Sitzungen dazu auf, während des Weinens Ihrer Babys den eigenen Atem ruhig in den Bauchraum zu lenken. Ziel ist dabei keine vertiefte oder verstärkte Atmung, sondern lediglich die Beobachtung der eigenen Atemtätigkeit. Hilfreich ist es, wenn Sie in der Phase der Einatmung darauf achten, wie sich Ihre Bauchdecke an die Vorderseite Ihres Babys anschmiegt. Die Atmung sollte mühelos und ohne Anstrengung geschehen. Sie werden die bindungsstärkende Qualität dieser Übung dann viel besser und intensiver spüren.

Erlauben Sie es sich, die Aufmerksamkeit für einen Moment von Ihrem Baby abzuziehen und diese ganz auf Ihren eigenen

Abb. 11: Begleitung des Babyschreiens mit Einsatz der Bauchatmung

Körper zu richten. Dies fällt vielen Eltern, die mit den Methoden der Selbstanbindung und des betreuten Babyweinens noch wenig vertraut sind, anfänglich schwer. Besonders wenn Ihr Kind unruhig ist, braucht es Übung, um zeitgleich noch die eigene Atmung zu beobachten und aufrechtzuerhalten. Auch hierbei ist es empfehlenswert, sich nicht gleich den schwierigsten Moment zum Üben auszusuchen, sondern diese Atem- und Selbstwahrnehmungstechnik vorerst in entspannten Momenten zu erproben.

Meist reichen bereits wenige Atemzüge, um eine erste Veränderung im Körper zu erzeugen. Durch die bewusste Bauchatmung wechseln wir fast automatisch in einen Körperzustand, den wir sonst nur in sicheren und ruhigen Augenblicken erleben. Neben diesen Momenten, in denen wir uns sicher und aufgehoben fühlen, übernehmen wir die ruhige und vertiefte Bauchatmung in Regenerationsphasen oder in Zuständen tiefer Meditation.

In der Emotionellen Ersten Hilfe (EEH) setzen wir diese Atemtechnik ein, um ganz gezielt in extremen und herausfordernden Momenten wie den Schreiepisoden Ihres Babys einen Zustand der Sicherheit zu initiieren. Durch die bauchzentrierte Atmung passiert etwas sehr Paradoxes in Ihrem Körper: Während der anhaltenden Schreiphasen Ihres Babys fühlen Sie sich eher angespannt und verunsichert, Ihre Atmung ist daher eher flach, angestrengt und beschleunigt. Da Sie nun aber bewusst etwas komplett Gegenteiliges tun, und zwar in den Bauch atmen, was Sie normalerweise nur dann machen, wenn Sie sich komplett wohl und sicher fühlen, passiert Folgendes: Unser Gehirn kann nicht unterscheiden, ob die einsetzende Bauchatmung Folge einer spontanen Körperentspannung ist oder aber wie in unserem Fall Teil einer gezielten Maßnahme, die Sie als Eltern davor bewahren soll, von den starken Gefühlsreaktionen Ihres Kindes mitgerissen zu werden. Die Atmung in den Bauchraum wird von unserem Gehirn als Signal der Sicherheit gewertet, deshalb schaltet Ihr Körper auch schon nach wenigen Atemzügen auf einen öffnenden Zustand um. Typische Äußerungen von Eltern, die die Bonding-Atmung nutzen, sind: »Es wird sofort warm in meinem Bauch.« »Ich fühle mich wohler in meiner Haut.« »Seitdem ich bewusst atme, spüre ich plötzlich die Nähe zu meinem Baby wieder.«

Durch den Einsatz der Bauchatmung übernimmt jener Zweig des autonomen Nervensystems die Führung, der für Ruhe und Erholung zuständig ist. Die Folge ist, dass der gesamte Organismus in einen Modus der Sicherheit und Entspannung umschaltet. Sie spüren die entsprechenden Körperreaktionen wie Wärme im Bauch. Ihr Gehirn arbeitet besser und Ihr Herz schlägt viel ruhiger als zuvor. Auch Ihr Baby spürt, während es auf Ihrem Bauch liegt, die körperlichen und emotionalen Veränderungen.

Für Ihr Baby ist dies der Moment, in dem es Sie wieder als fühlbares Gegenüber erlebt: »Mama ist jetzt wieder da, anwesend und emotional verfügbar.« Sie werden wieder zum Sicherheitshafen Ihres Babys. Selbst wenn Ihr Baby die ganze Zeit nah an ihrem Körper geruht hat, können der Stress, die Angst und Unsicherheit, die Sie zuvor in ihrem Körper erlebten, Auslöser für das Verlassenheitsgefühl Ihres Babys gewesen sein. Doch die gute Nachricht kommt jetzt: Ihre körperlichen Empfindungen sind wieder im Fluss, sodass Ihr Baby Sie und Ihren Körper jetzt als den schönsten Platz auf Erden erleben kann!

Die beschriebene Bauchatmung ist Teil eines Sicherungspaketes, das dafür sorgt, dass wir in schwierigen Momenten mit unseren Kindern bei uns bleiben können und nicht die Geduld und Kontrolle über unsere Gefühle verlieren. Die Bauchatmung schafft, und das ist das Faszinierende daran, einen inneren Erlebnisraum, in dem uns intensive negative Emotionen nichts mehr anhaben können.

Eine Mutter beschrieb es so: »Wenn ich die innere Verbindung zu meinem Bauch halte, bin ich furchtlos, alles in mir ist still und in großer Zuversicht. Ich bin einfach nur da, ohne Wenn und Aber. Es gibt nichts, was ich dann nicht schaffen oder aushalten könnte.«

Gerade wenn Ihr Baby durch intensive Phasen geht, in denen es von Erinnerungen an schmerzhafte Ereignisse heimgesucht wird, braucht es ein Gegenüber, das seine emotionalen Reaktionen nicht persönlich nimmt. Indem Sie mit jedem Atemzug Verbindung zu Ihrem inneren Zentrum aufnehmen, bleiben Sie für Ihr Baby der Fels in der Brandung. Trotz der Heftigkeit seines Schreiens können Sie durch die Unterstützung der Bauchatmung ein haltender Anker bleiben, der verhindert, dass Sie und Ihr Kind in der Flut aus Emotionen versinken.

Die Bauchatemtechnik ist nichts Mechanisches, sie wirkt nur dann, wenn wir uns über die Atmung emotional mit unserem Körper verbinden. Gelingt Ihnen dies, dann erreichen Sie einen innigen, tiefen Seelenfrieden. Die Atmung ist daher mehr eine innere Haltung als eine »Technik«. Die Atmung ist eine Art Hilfsmittel, das uns dabei hilft, diesen gewünschten Zustand emotionaler Offenheit schneller zu erreichen. Das wahre Geschenk, das Sie durch diesen achtsamen Weg gewinnen, ist eine neue Qualität der Nähe und Verbundenheit, die Ihnen vorher nicht bekannt war.

13 Die Phasen des Babyweinens

In diesem Kapitel möchte ich Ihnen einen ersten Überblick vermitteln, was Sie erwartet, wenn Sie dem Schreien Ihres Babys einen sicheren Raum geben. Was geschieht, wenn Sie die Reaktionen Ihres Babys sich entfalten lassen und ihnen ein Ohr schenken. Die Beschreibung der einzelnen Stadien des Babyweinens soll Ihnen als Landkarte dienen und Ihnen helfen, die Reaktionen Ihres Babys etwas besser einzuordnen. Ebenfalls möchte ich Ihnen erste Kriterien an die Hand geben, wann Sie sich oder Ihr Baby vor seinen Schreiprozessen schützen müssen, denn nicht jeder Weinzyklus hat einen stärkenden Effekt. Hierbei müssen die inneren und äußeren Voraussetzungen stimmen, die ich in den letzten Kapiteln beschrieben habe.

Wenn Sie erstmals den Mut finden, die bisher eingesetzten Kompensationsstrategien beiseite zu lassen, ergibt sich oft ein idealtypischer Verlauf des Babyschreiens. An dieser Stelle möchte ich ausdrücklich betonen, dass die hier beschriebenen Phänomene besonders sichtbar werden, wenn Babys über längere Zeit daran gehindert wurden, ihren Kummer und ihre Unzufriedenheit auszudrücken. Derartig explosive Weinzyklen beobachten wir entweder nur bei jenen Babys, die frühe emotionale Verletzungen und anhaltenden Stress während der Schwangerschaft, der Geburt und der ersten Zeit danach erfahren haben, oder bei solchen, die von Beginn an daran gehindert wurden, sich durch ihr Schreien auszudrücken.

Ich werde Ihnen im Folgenden die einzelnen Phasen des Weinzyklus Ihres Babys vorstellen. Die Zusammenfassung basiert auf meinen Beobachtungen, die ich bei Hunderten von Säuglingen und Kleinkindern in den vergangenen 25 Jahren gemacht habe. Die beschriebenen Phasen des Babyweinens tauchen in der Praxis nicht immer so wohlgeordnet auf, wie sie in dem folgenden Text erscheinen mögen. Manchmal fließen die einzelnen Phasen schnell ineinander über, sodass sie gar nicht als solche wahrgenommen werden. Andere Phasen wiederum können sehr lang sein wie etwa die Phase des protestierend-wütenden Schreiens. Wichtig ist mir, dass Sie die Beschreibung dieser Zyklen nicht im Sinne einer mechanischen, regelhaften Abfolge verstehen. Sinn und Zweck dieser Beschreibungen ist einzig und allein, sie als Hilfestellung und zur besseren Orientierung zu nutzen, damit Sie sich in der Fülle der Eindrücke und Reaktionen Ihres Babys etwas leichter zurechtfinden.

Phase I: Unruhe und Spannungsanstieg

In dem Augenblick, in dem Sie nicht mehr versuchen, Ihr Baby von seinem Weinen abzulenken, wird die Erregung und Spannung Ihres Säuglings sehr schnell ansteigen. Ihr Kind war es bisher gewohnt, dass Sie es beruhigt und stimuliert haben, sobald unlustvolle Gefühle in ihm aufstiegen. Da Sie Ihr Verhalten nun ändern, wird sich sein moderates Quengeln in kurzer Zeit in ein intensives »Schimpfen« verwandeln. Sein stimmlicher Ausdruck wird lauter und fordernder sein. Genauso wie die Bewegungen seiner Arme und Beine, die ebenfalls hektischer und weniger geschmeidig sind als zuvor. Steigert sich die Unruhe Ihres Babys weiter, kann es passieren, dass es zeitweilig aufhört, den Blickkontakt zu Ihnen zu suchen. Insgesamt ist Ihr Kind nun viel aufgeregter und gespannter, als Sie es sonst von ihm kennen. Wie beim Grummeln eines noch fernen Gewitters werden Sie eine drückende Atmosphäre spüren, die kurz davor ist, sich zu entladen.

Phase II: Aktivierung und Protest

Es vergehen oft nur wenige Minuten bis sich das Quengeln und die Unruhe Ihres Babys in ein bitterliches und haltloses Weinen verwandeln. Es schreit jetzt angestrengt und belastet. Manchmal klingt sein Schreien, als sei es voller Wut und Protest. Bei anderen Kindern hingegen klingt das Schreien traurig und einsam, so als hätte man sie vergessen und sie seien ganz alleine auf dieser Welt. Und bei wiederum anderen Kindern haben die Schreie eine kämpferisch-quälende Qualität, so als durchlebten sie gerade eine Tortur, die ihnen richtig zu schaffen mache.

Die meisten Eltern entwickeln schnell ein Gespür dafür, wann ihr Baby sich mit seiner Ausdruckssprache in einem Korridor des körperlichen Erinnerns befindet. Die Schreiqualität ist dann sehr viel dringlicher, beklemmender und oftmals schriller, als sie es vom bedürfnisbasierten Schreien her kennen. Tatsächlich kann uns das Schreien des Säuglings in dieser Phase schon erste Hinweise darauf geben, was genau auf seiner bisherigen Entwicklungsreise geschehen ist. Wenn es nach der Geburt sofort auf die Intensivstation musste und danach viele Stunden und Tage alleine ohne seine Eltern war, wird das Schreien eine andere Färbung haben als bei einem Neugeborenen, das lange auf seiner Geburtsreise feststeckte und nicht vorankam.

Eventuell nehmen wir das Schreien unseres Babys als schnell aufeinanderfolgende Wellen wahr, die kommen und gehen: Das Schreien schwillt an, wird stärker, schriller und verebbt dann schnell wieder. Kaum ist diese Schreiwelle abgeklungen, folgt auch schon die nächste. Aufgrund unserer Beobachtungen in den Eltern-Baby-Therapien wissen wir, dass diese Schreimuster häufig mit einer sehr beschleunigten Geburtserfahrung zusammenhängen, zum Beispiel, wenn während der Geburt wehenfördernde Mittel verabreicht wurden. Betroffene Mütter berichten oft sehr präzise, dass die Geburtswehen nach Anlegen an den Wehentropf sehr schnell aufeinandergefolgt seien und ihnen kaum Zeit geblieben sei, um sich in den Pausen davon zu erholen. Die Wehen hatten aufgrund der Medikation eine atemlose, beschleunigte Qualität. In gewisser Weise »erzählen« uns die schnell aufeinanderfolgenden, schrillen und kämpfenden Schreie unseres Babys etwas darüber, wie die Geburt in seinem Erleben ablief.

Ein anderes Beispiel sind Schreimuster eines überaus wütenden, verzweifelt kämpfenden Kindes. Das Baby reißt seinen Kopf mit wilden, heftig ruckelnden Bewegungen hin und her. Hier zeigt sich in seiner Körpersprache eine spezifische »Rotationsphase« während der Geburt, in der es sich hätte drehen sollen, stattdessen aber über Stunden hinweg feststeckte und nicht weiter vorankam. Für das Baby ist dieses Feststecken im Becken der Mutter gleichbedeutend mit einer ausweglosen Situation. Immer wieder kämpft es unter Einsatz seiner ganzen Körperkraft, um sich aus der misslichen Lage zu befreien. In dieser Phase des Weinprozesses offenbart sich dem Begleiter diese Pattsituation des Kindes. Es schreit wütend und andauernd.

Phase III: Verzweiflung und Ohnmacht

In dieser nächsten Phase des Weinens beginnt Ihr Baby zu »erzählen«, was aus seiner Sicht zu anstrengend, zu viel, zu langweilig oder auch zu schmerzhaft war. Das Wörtchen »zu« markiert in diesem Fall ein »Zuviel«, also Entwicklungspunkte, an denen die Situation für Ihr Kind unerträglich wurde, oder anders formuliert: an denen die Grenzen seiner Toleranz überschritten wurden. Es spielt hierbei keine Rolle, ob wir Erwachsene diese Ereignisse als dramatisch bewerten oder nicht. Entscheidend ist das Erleben Ihres Kindes. Während Sie vielleicht den Kopf »nur« mit Alltagsdingen voll haben, die es noch zu erledigen gilt, stellt sich die Situation für Ihr Baby vielleicht ganz anders – und auch existenzieller – dar. Wenn es über Tage hinweg nicht die emotionale Zuwendung erfährt, die es eigentlich benötigt, dann wird es früher oder später an seiner Belastungsgrenze ankommen. Die Folge könnte sein, dass es sich emotional verschließt und von der Welt zurückzieht. Doch bevor es diesen Rückzug antritt, hat es oft schon einige erfolglose Kommunikationsversuche unternommen, Ihnen seinen Stress und Kummer in einer für ihn verfügbaren Form – und eine davon ist das Babyschreien – mitzuteilen. Erst wenn all diese Versuche über einen längeren Zeitraum nicht hinreichend gehört und beantwortet wurden, geben Babys auf und verkapseln die Gefühle der Verzweiflung und Frustration in ihrem Körper. Entsteht dagegen ein Raum, in dem Ihr Baby sich mit all seinen Gefühlen voll entfalten darf, wird es sich an seinen gesamten Kummer erinnern, ganz egal, ob dieser wenige Stunden oder aber mehrere Wochen oder Monate zurückliegt.

In dieser Phase bekommt das Schreien Ihres Babys eine existenzielle Färbung. Viele Eltern beschreiben es so: »Ich habe den Eindruck, mein Kind schreit so, als ginge es um Leben und Tod.« Tatsächlich ist die Not, die Ihr Kind in diesem Augenblick zum Ausdruck bringt, regelrecht greifbar.

Die Spitzen der Schreie Ihres Babys sind jetzt extrem schrill und sein Körper fühlt sich bretthart und extrem gespannt an. Unter Umständen kommt es Ihnen vor, als sei Ihr Kind in diesen extremen Momenten an einem fernen Ort, entrückt und unerreichbar. Machen Sie sich klar, dass Ihr Baby in diesem Augenblick nicht anders kann. Nichts davon hat damit zu tun, dass es Sie ärgern will, Sie nicht ernst nimmt oder seinen Willen durchsetzen möchte. Es ist gefangen in einem Szenario, in dem Dinge an die Oberfläche drängen und zu neuem Leben erweckt werden, die bisher keinen Platz hatten.

Nur durch Ihre Nähe und die stabile innere Verbindung zu Ihrem Körper kann sich Ihr Baby noch einmal auf diese schwierigen Momente einlassen. Ihre Präsenz und Verfügbarkeit schafft die Grundlage dafür, dass die bisher im Körper Ihres Kindes gespeicherten Erfahrungen des Bindungsabbruchs nun integriert und verdaut werden können. Versuchen Sie sich vorzustellen, dass Ihr Baby in diesen Augenblicken komplett in die Tiefen seines Seelenlebens abtaucht und dort den Gespenstern seiner Vergangenheit begegnet.

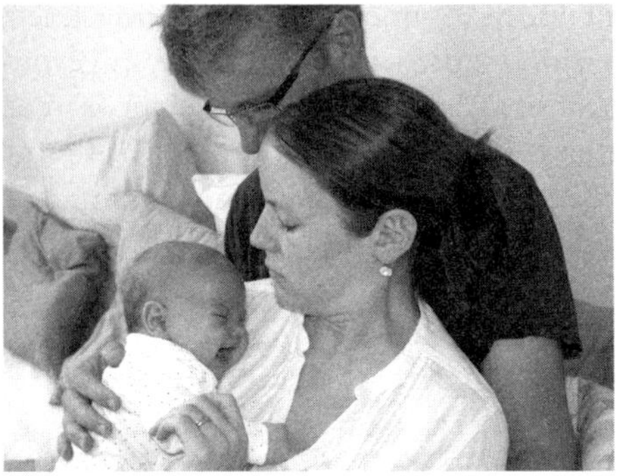

Abb. 12: Begleitung in den zugespitzten Phasen des Babyschreiens

Bildlich können Sie es sich in etwa so vorstellen: Die Verbindung zwischen Ihnen und Ihrem Baby ist wie die eines Tiefseetauchers zum Versorgungsschiff. Nur ein dünner Sauerstoffschlauch verbindet ihn mit dem Schiff an der Wasseroberfläche. Würde dieses Schiff plötzlich losfahren, wäre der Taucher unter Wasser in größter Gefahr, denn die lebenswichtige Verbindungsschnur könnte reißen. In der sich zuspitzenden Phase des Babyschreiens ist es ganz ähnlich. Ihr Kind befindet sich für kurze Zeit in einem intensiven Rausch seiner »alten« Gefühle. Ihre Selbstanbindung ist die Sicherheitsleine, die es Ihrem Kind erlaubt, die Wucht der erfahrenen Verletzungen für kurze Augenblicke nochmals zu erleben, ohne jedoch in den ursprünglichen Ohnmachtsgefühlen steckenzubleiben. Das Ziel des betreuten Weinens ist deshalb nicht lediglich die Wiederholung alter Traumatisierungen, sondern die Erfahrung, dass es dieses Mal – anders als in der ursprünglich überwältigenden Erfahrung – einen Menschen an seiner Seite hat, der emotional verfügbar bleibt und den nötigen Beistand leisten kann. Durch die Aufrechterhaltung Ihrer verkörperten Selbstwahrnehmung werden Sie zum Leuchtturm für Ihr Baby, den es im Sturm seiner Gefühle benötigt.

Seien Sie sich weiterhin im Klaren darüber, dass diese Qualität des Zusammenseins nicht nur für Ihr Baby, sondern auch für Sie eine neue Erfahrung darstellt. Bisher sind Sie zurückgewichen und haben kalte Füße bekommen, wenn Ihr Kind Ihnen seine Belastungen und Gefühle mitzuteilen versuchte, in gewisser Weise wollten und konnten Sie seine Sorgen nicht hören. Nun, da Sie sich entschlossen haben, die Verbindung zu Ihrem Körper nicht mehr abreißen zu lassen, gehen Sie mit Ihrem Kind durch ein Nadelöhr hindurch – ähnlich einer langen und anstrengenden Geburt, bei der es Ihnen gelingt – trotz aller Mühsal und Herausforderungen – den Kopf über Wasser zu halten. Viele Eltern, die diesen gemeinsamen Prozess erstmals bewusst mit ihrem Kind erleben, sind danach stolz und dankbar für das, was sie geschafft haben. Diese Erfahrung rührt zum einen daher, dass die Eltern endlich das tun, was sie die ganze Zeit schon tun wollten, nämlich an der Seite ihres Kindes sein, das von starken Gefühlen geschüttelt wird und die Präsenz eines stabilen Begleiters benötigt. Andererseits sind sie stolz, weil sie zum ersten Mal den bis dahin stets abgelehnten Gefühlen und Zuständen – wie etwa Angst oder Ohnmacht – standgehalten haben und diesen in die Augen blicken konnten. Dass sie jetzt fähig sind, sich selbst trotz ihrer inneren Schwächen und schwierigen Gefühle auszuhalten und anzunehmen, ist vielleicht die eigentliche Leistung, die es zu würdigen gilt. Dieser Akt der Selbstannahme und inneren Befriedung macht es möglich, dass Sie Ihrem Kind auch in den Augenblicken zur Seite zu stehen können, in denen es von heftigsten Emotionen durchflutet wird.

Phase IV: Lösung und Öffnung

In dieser Phase erreicht das Schreien Ihres Babys seinen Höhepunkt. Gerade noch klangen seine Ausdruckstöne gespannt, ohrenbetäubend und schrill und Sie mussten alle Ihre Kräfte aufbieten, um die Verbindung zu sich und Ihrem Kind zu halten, da geschieht etwas Unerwartetes: Noch während Sie darüber nachdenken, ob Sie die Hoffnung aufgeben und die Weinbegleitung einfach abbrechen sollten, geht plötzlich eine Tür auf, die zuvor noch verschlossen schien. Die Qualität des Schreiens Ihres Babys verwandelt sich. In Ihren Armen spielt sich eine Revolution ab. Alles wird ab sofort anders! Das lang anhaltende und gespannte Schreien, das wie eine festgezurrte Gitarrensaite klingt, wird plötzlich weich und wellig wie bei einem Schwungrad. Das schrille »Ihhh« wird zu einem vollen »Wohwohwoh«. Das Schreien verändert seine Klangfarbe, hört sich tiefer und gefüllter an. Es ist wahrlich nicht so, dass Ihr Baby sich in dieser Phase schon beruhigen würde. Nein, es schreit immer noch herzzerreißend. Aber die Art seines Weinens berührt jetzt Ihr Innerstes und erreicht tiefere Schichten Ihrer Persönlichkeit. Es ist faszinierend zu erleben, wie der Ausdruck, der gerade noch Fluchtgedanken in Ihnen auslöste, nun eine derart lösende und öffnende Wirkung entfaltet. Ich habe diesen Moment in den Krisensitzungen hundertfach miterleben dürfen, und ich kann Ihnen sagen, dass es jedes Mal aufs Neue eine ergreifende und ans Herz gehende Erfahrung ist, wenn sich das Weinen eines Babys plötzlich verwandelt und die Spannung aus seinem Körper abfließen kann.

Auch der körperliche Ausdruck Ihres Babys verändert sich in dieser Phase frappierend: die Steifheit seiner Arme und Beine, die Spannung seiner Muskulatur und die Neigung zur Überstreckung, die wir zuvor beobachten konnten – all das wird plötzlich weicher und welliger. Der Schreiausdruck Ihres Kindes findet jetzt in seinem ganzen Organismus einen Widerhall. Jeder Schrei ist eine Art Welle, die von Kopf bis zu den Füßen Ihres Kindes alles durchfließt und miteinander verbindet. Es ist tatsächlich so, als würde Ihr Baby zu seiner Ganzheit und inneren Harmonie zurückkehren, die es in Zeiten seiner Anspannung verloren hat.

Machen Sie sich klar, dass der Höhepunkt des Babyschreiens dazu führt, dass Stress und eine große Menge angestauter Spannungen wieder abfließen können. Es ist im wahrsten Sinn eine Erlösung. Nicht nur Ihr Kind erlebt diesen Wendepunkt, auch Sie verändern sich, sobald Sie mit Ihrem Baby durch dieses Nadelöhr hindurchgehen. Wie bereits beschrieben hat das lösende

Babyweinen eine sehr berührende Wirkung auf seine wichtigsten Begleiter, seien Sie also nicht überrascht, wenn Sie genau in dem Moment, in dem Ihr Baby den Schalter umlegt, plötzlich von tiefen Gefühlen erfasst werden. Es ist nicht ungewöhnlich, wenn auch Ihre Tränen auf einmal laufen oder Sie von einem Schluchzen geschüttelt werden. Wärme und Dankbarkeit für diesen gemeinsamen Moment mit Ihrem Kind werden Sie erfüllen und auch in Ihnen löst sich jene angestaute Spannung, die Sie seit Tagen, vielleicht schon seit Wochen oder Monaten in sich tragen.

Phase V: Rückanbindung

Der eigentliche Zauber der Verwandlung ihres Babys beginnt jetzt. Das Schwierigste ist geschafft und Ihr Kind landet auf Ihrem Bauch. Sie können in dieser Phase fühlen, wie es sich endlich wieder fallen lässt und sich der Schwerkraft überlässt, sein Gewicht spüren Sie deutlich auf Ihrem Bauch. Es ist ein Zeichen dafür, dass Ihr Baby sich nicht mehr selber halten und stabilisieren muss. Es vertraut sich Ihnen wieder voll an! Eine neue Ära beginnt!

Ihr Körper ist jetzt der beste Ort der Welt für Ihr Kind! Oft liegt Ihr Baby zu diesem Zeitpunkt still und ruhig auf Ihrem Bauch. Schweißnass von dem heftigen und durchschüttelnden Weinprozess ruht es völlig erledigt, aber gleichzeitig tief entspannt auf Ihrer Brust oder in Ihren Armen. Viele Eltern erleben jetzt, wie ihr Baby die Augen öffnet und einen langen tiefen Blickkontakt mit ihnen aufnimmt. So als würde das Kind erkennen, dass es angekommen ist an dem Ort, an den es wirklich gehört. Ganz ähnlich wie im Prozess des nachgeburtlichen Bondings erfüllt eine enorme Stille den Raum. Für das, was jetzt geschieht, braucht es keine Worte. Die Blicke treffen sich und wie zwei Verliebte bleiben Mutter und Baby in einer anhaltenden Verbindung.

In regelmäßigen Abständen streicheln die Eltern ganz sanft die Händchen, die Fingerchen oder auch das Gesichtchen. Seufzt der Säugling, spiegeln die Eltern diesen Körperausdruck häufig spontan durch tiefes Ein- und Ausatmen. Eltern und Kind beginnen wieder, eine lebendige Einheit zu werden. Über eine leichte Schwingung wird alles neu miteinander verwebt, was vorher getrennt war. Viele Mütter strahlen und drücken ihr Erstaunen über die Intensität des Kontaktes aus, andere sind einfach nur tief bewegt und dankbar, dass sie ihr Baby »wiedergefunden« haben. Dieser Augenblick gehört nur den Eltern und ihrem Kind. Hier wird etwas wieder zu einem Ganzen, was zusammengehört. Dieser Prozess ist heilig! Er benötigt viel Schutz und Intimität. Es ist kaum möglich, dass sich diese beschriebene Qualität entfaltet, wenn ständig Menschen in den Raum kommen, die Mutter ansprechen oder anderweitig ablenken. Wie der französische Geburtshelfer Michel Odent treffend sagte, benötige dieser Prozess des Ankommens auf dieser Welt nur eines: Stille, Schutz und Langsamkeit (Odent, 2018). Dies gilt nicht nur für den unmittelbaren Moment nach der Geburt, sondern ebenso für die Zeit nach einem lösenden Weinprozess, den Eltern und Baby zusammen erlebt haben.

In der Phase der Rückanbindung beginnen eine Reihe heilsamer Regelkreise wieder wirksam zu werden. Wichtig ist, dass das Baby jetzt die zuvor verlorene innere Balance seines Nervensystems wiederherstellt. Auf der Ebene seines autonomen Nervensystems – Sie erinnern sich: der Teil unseres Nervensystems, der für die unwillkürlichen und vitalen Grundfunktionen zuständig ist – kehrt das Baby in einen entspannten und parasympathischen Zustand zurück. Da sich das Baby jetzt sichergebunden erlebt und seine Stresszustände während des Schreiens abbauen konnte, ist es wieder bereit, die Pforten seiner Wahrnehmung zu öffnen. Da der Sicherheitsast des autonomen Nervensystems jetzt wieder die Oberhand gewinnt, stellen sich körperliche Veränderungen ein: Die Hautoberfläche wird besser durchblutet und fühlt sich warm und mollig an, die Atmung ist jetzt tiefer und gleichmäßiger und fließt wie eine Welle durch den ganzen Körper.

Ein weiterer Effekt des lösenden Weinens ist aufgrund der Entspannung und des sich ausbreitenden Sicherheitserlebens des Kindes die Freisetzung des wichtigen Bindungshormons Oxytozin, das eine Reihe positiver Auswirkungen auf das intuitive Verhalten der Eltern hat. So bewirkt es, dass die Mutter häufiger ihr Baby anschaut. Es fördert die Milchbildung und die Hautdurchblutung und hat nachweislich eine herzberuhigende und angstlösende Wirkung. Sie werden im wahrsten Sinne des Wortes weich gespült durch diese körpereigene Substanz. Und das Beste kommt zum Schluss: Das Hormon wirkt selbst wieder unterstützend auf den parasympathischen Ast des autonomen Nervensystems, der ja bekanntlich die Oxytozin-Ausschüttung begünstigt. Es handelt sich also um einen sich selbst verstärkenden Kreislauf, der Bindung und Gesundheit begünstigt (Uvnäs-Moberg, 2016).

Phase VI: Strömen und Glühen

Nachdem der Bindungshunger von Eltern und Kind nach dem Schreiprozess gesättigt ist, folgt eine abschließende Phase, in der Erholung und Erfüllung im Vordergrund stehen. Oftmals schläft das Baby auf dem Körper der Mutter ein – eine für die Eltern komplett neue Erfahrung. Nicht nur, dass sie das Schreien ihres Säuglings emotional begleiten konnten, auch, dass es nach dem Schreien einen Abschluss und ein Ende des Dramas gibt, ist neu. Diese Auflösung der Spannung blieb bislang aus, so schlief das Kind zwar auch vorher schon erschöpft nach dem Weinen ein, aber zu einer tieferen Entspannung wie jetzt war es bisher nicht gekommen. So ging das Geschrei direkt beim Aufwachen wieder von vorne los.

In dieser Phase ist es anders. Das Baby schläft selig auf Ihrem Bauch und Sie stecken es förmlich mit Ihrer Entspannung an.

Viele Babys glühen nach dem lösenden Schreien regelrecht, sind oft nass und verschwitzt. Der Körper der Kleinen ist so aufgeheizt, als würden sie fiebern. Die Ärztin und Geburtshelferin Eva Reich spricht in diesem Zusammenhang von einem »Flow und Glow«, einem Fließen und Glühen (Reich & Zornansky, 1993).

Interessant ist, dass auch die Eltern von dieser strömenden Hitze erfasst werden. Auch sie sind – ganz ähnlich beim Bonding nach der Geburt – klitschnass und emotional wie körperlich aufgeweicht. Genießen Sie diesen Moment der Nähe mit Ihrem Kind. Seien Sie stolz auf sich, dass Sie diesen neuen Schritt gewagt haben. Sie haben sich getraut, alle Gefühlsfacetten Ihres Babys zu begleiten und bis zum Schluss an seiner Seite zu bleiben. Für viele Eltern ist es der erste Schritt zu einer grundlegenden Wende im Umgang mit ihrem Baby.

Phase VII: Nachklang

Es ist möglich, dass Ihr Baby einige Minuten ganz ruhig daliegt und alles in Ordnung scheint. Manchmal passiert es, dass Ihr Kind nach einem kürzeren Nickerchen wieder erwacht, die Augen öffnet und minutenlang die Blickverbindung hält. Viele Eltern sind von der Weichheit und Anmut ihres Babys bezaubert. Deutlich sichtbar wird die Entspannung an den Händchen des Kindes, die sich wie ein ganz junges Frühlingsblättchen entfalten und nach einer Berührung suchen. Auch die Haut ist weich und geschmeidig. Es ist jetzt ihr Baby! Es fühlt sich wunderbar an, so wie es sich schon immer hätte anfühlen sollen. Interessant ist, dass selbst Eltern, die diese Erfahrung bisher nicht mit ihrem Kind teilen konnten, instinktiv »wissen«, dass es so richtig ist.

Nicht immer ist dieser Abschluss so rund und eindeutig, wie ich ihn hier beschreibe. Manche Babys erleben in den folgenden Minuten noch einige kleine Nachbeben. Es sind kleinere Weinzyklen, die erneut anfluten, aber auch schnell wieder verebben. Es ist wichtig, dass Sie hier gelassen und ruhig bleiben! Manche dieser Nachbeben erleben die Kinder traumartig, so als würden sie den emotionalen Ausdruck, von dem sie derartig durchgeschüttelt werden, dadurch verarbeiten.

Nach den Weinprozessen ist das Baby – vor allem wenn diese Reaktionen lange unterdrückt wurden – sehr anhänglich. Es giert förmlich nach körperlicher Nähe. Daher wäre es gut, wenn Sie sich möglichst viel Zeit nehmen könnten, diese Phase nach dem Schreien zu genießen. Es ist wirklich vergleichbar mit den ersten Momenten nach der Geburt, auch dort wollten Sie nach der aufregenden Reise, die Sie mit Ihrem Kind erlebt haben, nicht gleich aufstehen und die Koffer packen. Auch da haben Sie es genossen, einfach nur mit Ihrem Partner den Moment zu genießen und ein wenig zu dösen, um dann wieder minutenlang Ihr Baby anzuschauen und sich den Gefühlen des Glücks und der Dankbarkeit hinzugeben. Vielleicht haben Sie als Paar das Bedürfnis über die Ereignisse und Ihre Gefühle während des betreuten Babyweinens zu sprechen. Denkbar ist auch, dass Bilder von der Geburt aufsteigen und Sie von einer traurigen und wehmütigen Stimmung erfasst werden.

Vielleicht wird Ihnen jetzt, da Ihr Baby ganz selig auf Ihrem Bauch schläft und ruht, bewusst, was Sie alles vermisst haben in den ersten Wochen mit Ihrem Kind, wie fremd es Ihnen in all der Zeit war. Es sind oftmals Tränen der Entspannung, weil eine große Last von Ihren Schultern genommen wurde.

Die Tage nach dem Babyschreien

Nachdem Ihr Baby seine aufregenden Geschichten »erzählt« hat, benötigt es einige Tage, um diesen intensiven Gefühlsausdruck zu verdauen. Sie müssen sich klarmachen, dass Ihr Baby bis dahin ständig eine gewisse Anspannung in seinem Körper getragen hat. Nach dem befreienden Weinprozess kann Ihr Kind nun loslassen. War vorher der Stress-Zweig des autonomen Nervensystems (Sympathikus) sehr gefordert, wird Ihr Baby einige

Zeit brauchen, die wiedergewonnene Erfahrung der Geborgenheit und Nähe zu Ihnen in seinem Körper aufzunehmen und zu speichern. Nach solchen Weinprozessen rufen mich in der Praxis hin und wieder aufgeregte Eltern an, die wissen wollen, was ich mit ihrem Kind gemacht hätte. Es würde seit zwei Tagen überdurchschnittlich viel schlafen, nur kurz erwachen, um etwas zu trinken, und dann wieder das Köpfchen ablegen und weiterschlafen. Tatsächlich fühlen sich viele gespannte Babys, die jetzt die Erlaubnis bekommen haben, ihren Gefühlen Ausdruck zu geben, sehr erleichtert. Das Pendel des Lebendigen schlägt jetzt – nach der Anspannung – erst einmal in die Gegenrichtung. Es ist eine heilsame Entspannungsphase, die Sie Ihrem Kind geben sollten. In der Regel ist sie nach wenigen Tagen beendet. Danach wird Ihr Baby wieder wacher und vitaler sein. Viele Eltern berichten dann, dass ihr Kind nun längere Wachphasen hat, mehr Blickkontakt sucht und insgesamt interessierter an seiner Umwelt ist. Wir können also festhalten, dass sich die Regulation zwischen Spannung und Entspannung nach diesem ersten Ausdrucksweinen schnell wieder einfindet.

Sollte Ihr Baby selbst nach den ersten Schreibegleitungen weiterhin wiederholt untröstlich schreien und Ihre bisherigen Beruhigungsstrategien nicht mehr fruchten, dann nehmen Sie Kontakt mit einer professionellen Beraterin auf. Im hinteren Teil des Buches erhalten Sie einige Hinweise, wie Sie in Ihrer Nähe eine qualifizierte EEH-Beraterin finden können, die Sie bei Ihren Fragen kompetent unterstützen wird.

14 Notausstiege und Gefahren des betreuten Babyweinens

Weinbegleitungen gleichen einer aufregenden Raftingtour. Der Sog des tobenden Wassers ist bei dieser Schussfahrt enorm. Ohne Unterbrechung gibt es reichlich Anforderungen zu bewältigen: Strudel, Untiefen und plötzliche auftauchende Hindernisse, die das Boot stoppen oder zum Kippen bringen könnten. Solange das Boot in den Strömungen seine Richtung beibehält, ist alles ganz einfach. Die Fahrt geht von ganz alleine. Mit den Paddeln werden nur leichte Korrekturen ausgeführt. Alle im Boot hören auf die Ansagen der Person am Ruder. Klappt alles gut, ist Rafting ein Kinderspiel. Verkantet sich das Boot, bleibt es an einem Felsen hängen oder geht gar ein Mitglied der Crew über Bord, dann wird es von einer Sekunde auf die nächste aufregend und sehr gefährlich.

In den Weinbegleitungen verhält es sich ganz ähnlich. Bekommt ein Baby die Gelegenheit, seinen Kummer offen auszudrücken, nimmt es im wahrsten Sinn des Wortes Fahrt auf. Ist dieser Prozess in Gang, ist es nicht mehr ganz so einfach, die Fahrtrichtung zu ändern oder das Boot während der Fahrt zu verlassen. Die Lebenskräfte, die sich in einem Weinzyklus äußern, sind ähnlich wie bei einem reißenden Fluss: kraftvoll und wild. Es ist unmöglich, sich gegen den Strom zu stellen oder wieder zum Ausgangsort zurückzukehren.

Gelingt es Eltern, dem Schreien ihres Babys ein Ohr zu schenken, sind sie häufig beeindruckt von der Intensität seiner Reaktionen. Schnell kann es passieren, dass sie bei der Konfrontation mit den emotionalen Ausdrucksreaktionen ihres Säuglings kalte Füße bekommen und am liebsten die Reise wieder abbrechen würden.

Wie auf einer Raftingtour gibt es allerdings selten eine Umkehrmöglichkeit, aber immer einige Notausstiege. Es gibt spezielle Anlegestellen auf der Fahrt, an denen Teilnehmer des aufregenden Abenteuers das Boot verlassen können, falls sie zu große Angst bekommen. Im Folgenden möchte ich Ihnen aufzeigen, welche Notausstiege und Sicherheitsmaßnahmen bei den Weinbegleitungen vorhanden sind.

Herausforderungen des haltlosen Weinens

Die größte Herausforderung der bindungsorientierten Weinbegleitung besteht darin, dass Sie als begleitende Eltern Ihre körperliche Selbstanbindung aufrechterhalten. Häufig treten Probleme auf, wenn Sie von inneren Gefühlen und Fantasien überrollt werden, die Ihnen sehr zusetzen. In diesem Fall begeben Sie sich ohne die entscheidende und wichtigste Rettungsweste für Sie und Ihr Baby in die schäumenden Wogen der Emotionen. In ausgerechnet dem Augenblick, in dem Sie sich mit den heftigen Gefühlen und Körpererinnerungen Ihres Kindes auseinandersetzen sollen, verlieren Sie die Verbindung zu Ihrem Inneren. Die Folge ist, dass Sie sowohl sich selbst als auch Ihr Baby alleine und schutzlos zurücklassen.

Wenn Sie spüren, dass das Babyschreien an Intensität zunimmt und es Ihnen nicht mehr möglich ist, den größer werdenden Stress durch achtsame Körperbeobachtung zu regulieren, müssen Sie Gegenmaßnahmen einleiten. Es ist nicht sinnvoll, Ihrem Baby ein Okay für den Ausdruck seiner Gefühle zu geben, ohne dass Sie selbst im hinreichenden Kontakt mit Ihrer inneren und äußeren Realität stehen. Eine Möglichkeit wäre zum Beispiel, dass Sie Ihre Sitzposition verlassen und mit Ihrem Baby auf dem Arm gezielt durch die Wohnung spazieren. Spüren Sie dabei ganz bewusst den Boden unter Ihren Füßen. Wenn es Ihnen nicht mehr möglich ist, die Aufmerksamkeit auf das Innere Ihres Körpers zu verlagern, dann könnten Sie zumindest an Ihre Atemverbindung »denken«. Stellen Sie sich vor, wie Sie bei jeder Einatmung eine warme Verbindung zu Ihrem Kind schaffen, das Sie im Arm halten und das sich an Sie lehnt. All dies sind kleine Hilfsmittel, deren Sinn einzig und allein darin besteht, dass Sie in diesen brenzligen Augenblicken den Kopf über Wasser halten und nicht von der Wucht der Emotionen Ihres Kindes mitgerissen werden.

Die hier vorgeschlagenen Notfallstrategien sind oft nötig, wenn das Babyschreien die eigenen unbewussten Bindungsverletzungen berührt. Genau in dem Moment, wo Sie etwas unsicherer werden und die Verbindung zu Ihren Körpersensationen schwächer wird, melden sich die »alten« Gefühle der nicht erinnerten Vergangenheit der Eltern. Man könnte es auch anders beschreiben: Die stressbedingte Schwächung Ihrer Selbstanbindung ruft Ihre vergessenen inneren Kinder auf den Plan. Das bedeutet, dass das schreiende reale Baby in Ihren Armen die »verlassenen«, »verletzten« und »ohnmächtigen« Teile Ihres eigenen inneren Kindes zum Leben erweckt. In gewisser Weise haben Sie es jetzt mit zwei schreienden Babys zu tun: erstens dem realen Kind in Ihrem Arm und zweitens dem heftig aufbegehrenden »inneren Kind«. Ohne therapeutische Erfahrung dürfte es Ihnen kaum gelingen, diese verletzten inneren Selbstanteile, als solche zu erkennen. Was Sie jedoch spüren werden, sind intensive Gefühle der Ohnmacht, des Ausgeliefertseins oder der Überwältigung. Diese sind meistens eng verknüpft mit Erfahrungen, die Sie in Ihrer vorsprachlichen Entwicklungszeit mit überwältigendem Stress vor, während und nach der Geburt gemacht haben. Halten wir also fest: Ihr reales Baby ist – vor allem dann, wenn es über längere Zeit wiederholt schreit – in der Lage, Sie mit Ihren unbewussten Selbstanteilen in Kontakt zu bringen. Die Intensität dieser Gefühle kann derart bedrängend werden, dass als Folge der Faden zu Ihrem Inneren immer dünner wird, manchmal gar komplett abreißt. Damit dies gar nicht erst in den Schreiphasen Ihres Babys geschieht, leiten Sie die zuvor beschriebenen Notfallmaßnahmen ein. Deuten Sie den Rückzug nicht als ein Versagen oder »Aufgeben« Ihrerseits. Ganz im Gegenteil bedeutet es, dass Sie umsichtig und verantwortungsbewusst handeln, da Sie sowohl Ihr »inneres« als auch »äußeres« Baby hinreichend versorgen.

Ein großes Missverständnis vieler Eltern besteht darin, dass sie meinen, sie müssten das Weinen ertragen und durchhalten. Dieser Irrglaube wurzelt in dem Gedanken, das Baby müsse sich im sicheren Hafen der Eltern mal richtig ausbrüllen, ganz nach dem Motto: »Heute Abend kann die Kleine wieder richtig Gas geben. Ich werde mir die Stöpsel meines iPods in die Ohren stecken, mir schöne Musik auflegen und dann kann sie sich mal richtig austoben.« Solche Aussagen gründen auf der Überzeugung, dass die Eltern allein den körperlichen Halt vermitteln müssten. Das Ziel hierbei ist eine emotionale Abreaktion des Kindes. Hinter diesen Praktiken steckt eine mechanistische Ideologie, die zudem große Gefahren für das Kind beinhaltet.

Diese Perspektive hat nichts mit der Philosophie des hier vorgestellten Ansatzes zu tun. Als Eltern sollen Sie die schmerzlichen Gefühle Ihres Kindes emotional miterleben, Sie sollen empfänglich und empathisch sein, und zwar für sich und Ihr Baby. Der körperliche Halt ist nur eine zusätzliche Unterstützung für Ihr Baby, während Sie sich in einer innigen Verbindung mit ihm befinden.

Das Ziel ist weniger, an einen konkreten Ort zu gelangen und die Sache durchzuziehen oder das Kind solange zu halten, bis es nicht mehr kann oder gar aufgibt. All dies hat nichts mit den bindungsbasierten Modellen des »Betreuten Babyweinens« zu tun, wie wir es in der Emotionellen Ersten Hilfe vertreten (Harms, 2016).

Babykörpersprache des haltlosen Weinens

Wenn das Baby spürt, dass Sie als Gegenüber an seiner Seite verloren gehen, verändert sich sofort die Qualität seines Weinens. Für Ihr Kind bedeutet dieser Kontaktverlust zu Ihnen – und dabei spielt es keine Rolle, ob Sie die Mutter oder der Vater sind – neben den inneren Belastungen, mit denen es zu kämpfen hat, ein zusätzlicher Stressfaktor. Wenn die emotionale Abstimmung zwischen dem Baby und seiner Begleitperson schwächer wird, kann sich das Baby nicht mehr ohne Wenn und Aber mit seinen inneren Gefühlen beschäftigen und diese zum Ausdruck bringen. Es steckt in einem Dilemma: einerseits möchte es weiter seine Emotionen ausdrücken, andererseits fehlt ihm genau jener sichere Halt, den es dafür bräuchte.

Statt mit dem Schwungrad seiner Gefühle fortzufahren, tanzt es jetzt auf der Stelle. Typischerweise folgt dann eine Weinwelle auf die nächste, ohne dass sich eine lösende Qualität einstellt. Ihr Baby steckt fest!

Wenn der Weinprozess nicht mehr voranschreitet, können Sie beobachten, wie Ihr Baby sich überstreckt, die Arme und Beine versteift, den Atem anhält oder wild mit dem Köpfchen hin und her ruckelt. Sein Schreien wirkt in diesen Momenten wie ein aussichtsloser Kampf. Es schreit und schreit, und doch kommt es nicht vom Fleck. Diese stagnierenden Weinprozesse können für Sie und Ihr Kind sehr quälend und anstrengend sein.

Das feststeckende Babyweinen weist viele Parallelen zu einer Geburt auf, die nicht voranschreiten will. Es kommt zwar eine Wehe nach der anderen, die ebenfalls schmerzvoll von der Mutter erlebt werden, aber der Muttermund öffnet sich trotzdem nicht. Es sind Wehen, die trotz der enormen Kraft, die eingesetzt und verbraucht wird, das Baby nicht voranbringen.

Ganz ähnlich verhält es sich, wenn durch das Schreien des Babys nichts vorwärtskommt. Ein lösender Prozess ist nach wenigen Minuten – trotz der Heftigkeit des Ausdrucks – vorbei. Je sicherer sich das Baby in den Armen der Eltern fühlt, je besser diese auf ihre Selbstanbindung achten, desto schneller erreicht das Baby in seinem bitterlichen Weinen den Höhe- und Umkehrpunkt. Genau das ist beim blockierten Ausdrucksweinen nicht mehr der Fall. Statt der sonst üblichen fünf bis 15 Minuten Weindauer kann sich der Schreiprozess hier in die Länge ziehen.

Wenn Sie beobachten, dass sich Ihr Baby in seinem Schreien zunehmend verliert, wenn das Schreien eine wiederholende und »verzweifelt-kämpfende« Qualität bekommt, dann verstehen Sie dies als ein Warnzeichen. In diesem Augenblick sollten Sie überprüfen, ob Sie sich noch hinreichend spüren und noch mit Ihrem Körper verbunden sind. Lassen sich Ihre innere Anspannung und die Sorge um Ihr Kind nicht mehr beschwichtigen, dann ist es höchste Zeit, dass Sie sich und Ihrem Baby eine Auszeit gönnen.

Ich möchte auch noch auf einen weiteren Verlauf des Babyschreiens hinweisen. Es ist möglich, dass Sie sich in einer stabilen inneren Verfassung erleben, während Ihr Baby seinen Kummer an Ihrem Körper ausdrückt, und sein Schreien dennoch eine haltlose und nicht enden wollende Qualität annimmt. Dieser Fall kann bei einem Baby eintreten, das aufgrund seiner spezifischen Körperlagerung während der lang andauernden Geburt schmerzhaftem Druck ausgesetzt war und diese Erfahrung in seiner Erinnerung nun noch einmal neu durchlebt. Manche Geburtserfahrungen waren für die Kinder schlichtweg zu viel, selbst dann wenn die begleitenden Mütter noch in einer hinreichend guten Verfassung waren. Das bildet sich in den späteren Weinbegleitungen dann auch wieder ab. Das Baby ist schon längst an einem Punkt, wo es flehentlich bittet: »Hol mich hier raus. Das ist zu viel für mich. Ich kann nicht mehr!« Die Eltern hingegen sind zu diesem Zeitpunkt noch gut in sich und mit Ihrem Körper verankert. Nichtsdestotrotz ist es an dieser Stelle wichtig, dass wir diese ausweglose Situation aktiv für unser Kind beenden, indem wir die ruhige Sitzposition auflösen und uns mit ihm auf dem Arm durch den Raum bewegen.

Sollte Ihr Baby diese extremen Reaktionen der Ausweglosigkeit zeigen, ohne dass Sie ihm wirklich helfen können, empfehle ich Ihnen dringend, einen qualifizierten Eltern-Baby-Therapeuten aufzusuchen, der mit Ihrem Baby die traumatischen Schwangerschafts- und Geburtserfahrungen aufarbeiten kann. In dem Infoteil im hinteren Teil des Buches werden Sie Ihren Ansprechpartner schnell finden.

Warnsignale für beginnenden Kontaktverlust

Woran kann ich als Mutter oder Vater erkennen, dass ich die Verbindung zu mir und meinem Kind verliere? Was erleben Eltern, wenn der Stress in ihnen überhandnimmt und sie die Verbindung zu ihrer sichernden Bauchatmung nicht mehr aufrechterhalten können?

Wie ich schon an anderer Stelle ausgeführt habe, hilft die Bauchatmung den Eltern, während der Weinbegleitung ihres Babys die Funktion eines Blitzableiters zu übernehmen. Viele Eltern sind verblüfft, wie sicher und geschützt sie sich fühlen, wenn sie sich über die Atmung mit ihrem Körper verbinden. Eine Mutter sagte einmal während der ersten Weinbegleitung mit ihrem Baby: »Mir ist es beinahe unheimlich, wie ruhig und gelassen ich mich fühle, während mein Baby so bitterlich weint. Es ist so, als säße ich an einem ruhigen Ort, an dem mich das Schreien meines Kindes nicht erreicht.« Tatsächlich ist es so, als würde die Selbstanbindung einen Schutzmantel um die begleitenden Eltern legen. Sie werden regelrecht immun gegen den stressreichen Ausdrucksprozess ihres Babys. Sie sind anwesend, beobachten aktiv und nehmen empathisch teil an den verschiedenen Gefühlsäußerungen ihres Kindes. Im Gegensatz zu vorher vergehen sie jedoch nicht mehr vor verzehrendem Mitleid.

Interessanterweise geht diese gedankliche und emotionale Ruhe sofort verloren, wenn der innere Faden der Selbstanbindung dünner wird oder gar reißt. Das Erste, was viele Eltern spüren, ist ein Gefühl der Bedrohung und Gefahr. Waren sie gerade noch guter Dinge und zuversichtlich, dass der Prozess zu einem guten Ende kommen werde, erleben sie sich nun bedrängt und belastet durch die Schreie ihres Kindes. Sorgen treten in den Vordergrund! Gedanken des Zweifels tauchen auf: Ist das Schreien des Babys wirklich noch okay? Kann es eventuell zu bleibenden Schäden durch das anhaltende Weinen kommen? Wurden körperliche Erkrankungen von medizinischer Seite übersehen? Das Grübeln hat die Eltern fest im Griff. Der Kopf kommt nicht mehr zur Ruhe.

Diese verstärkte Denkaktivität sowie das Aufsteigen unlustvoller Gefühle wie Angst, Ärger oder Enttäuschung sind im Verständnis der EEH untrügliche Zeichen dafür, dass Sie Ihre Selbstanbindung verlieren. Der Stress- und Alarmzweig des autonomen Nervensystems hat in Ihnen das Steuer übernommen. Da Sie sich jetzt im Flucht- und Kampfmodus befinden, erleben Sie das Schreien Ihres Babys nicht mehr aus sicherer Distanz! Durch das Erleben dieser Bedrohung sind Sie nicht mehr in der Verfassung, um sich gut auf die Signale und Gefühle Ihres Babys einzustimmen. Auch hier wäre jetzt der Punkt gekommen, an dem Sie reagieren sollten, um einen Notausstieg aus dem »emotionalen Rafting« mit Ihrem Baby einzuleiten.

Sich Luft verschaffen! Gezielte Unterbrechungen des Babyschreiens

Wenn es Ihnen nicht mehr möglich ist, die innere Verbindung zu Ihrem Körpererleben aufrechtzuerhalten, weil das Stressniveau in Ihnen zu weit ansteigt, sollten Sie die Schreibegleitung sofort unterbrechen, selbst dann, wenn Ihr Baby seinen Gefühlen vollen Ausdruck verleiht. Es ist wichtig, dass Sie vorerst Schritte einleiten, die es Ihnen wieder ermöglichen, in einen Zustand der Selbstanbindung und inneren Sicherheit zurückzukehren. Machen Sie sich bewusst, dass mehr oder weniger jedes Mittel recht ist, sobald Sie an dem Punkt angelangt sind, an dem Ihr Toleranz- und Haltevermögen überschritten wird.

Auch auf die Gefahr hin, mich zu wiederholen: Die Regeneration des erwachsenen Sicherheitsspenders – also von Ihnen – hat immer Vorrang. Wenn Ihnen das Wasser bis zum Halse steht, können Sie sich den bedrängenden Gefühlen und Befindlichkeiten Ihres Kindes nicht voll widmen. Wenn Sie weiter durchhalten, tun Sie weder sich noch Ihrem Kind einen Gefallen!

Insofern sind die von mir vorgeschlagenen Notausstiege Unterbrechungstechniken, die einzig und allein den Zweck haben, Sie wieder ins Boot zu bringen. Für den gewünschten Effekt sollten Sie sich den Raum geben, innerlich zu verschnaufen und wieder die Verbindung mit Ihrem Körpererleben herzustellen. Diese kleinen Auszeiten helfen Ihnen, sich zu sammeln und eine Verfassung zu erlangen, die es Ihnen möglich macht, Ihr Baby auch während fordernder Schreiphasen gut zu unterstützen.

Notausstieg 1: Bewegen im Raum

Am leichtesten können Sie Ihre Bedrängnis während eines Schreiprozesses dadurch lindern, dass Sie die ruhende Sitzposition verlassen und sich mit Ihrem Kind im Raum bewegen. Es ist klar, dass es viel herausfordernder ist, still auf dem Sofa zu sitzen und sich mit Ihrem tobenden Kind am Körper dem Babyweinen zu widmen als aufzustehen und sich mit dem Kind auf dem Arm im Raum hin und her zu bewegen. Die Bewegung hilft, die erlebte Angst etwas zu mindern. Die Kräfte, die sich in den negativen Gefühlen äußern, werden jetzt durch Ihre vermehrte Muskelaktivität gebunden. So wie ängstliche Kinder nicht still sitzen können, nutzen sie jetzt bewusst die Bewegung, um sich vom Druck zu entlasten. Es ist kein Allheilmittel, aber es gibt Ihnen erst einmal etwas Raum, um ein wenig Distanz zu den bedrängenden Reaktionen Ihres Babys und Ihren Gefühlen herzustellen.

Notausstieg 2: Bewusster Einsatz von bisherigen Beruhigungsstrategien

In meinen bisherigen Ausführungen habe ich immer wieder darauf hingewiesen, dass stressbedingte Ablenkungen vom Weinen keine nachhaltigen Lösungen schaffen. Ist jedoch Ihre Toleranzgrenze in der Begleitung Ihres untröstlich weinenden Babys erreicht, dann können genau diese Strategien ein probates Mittel sein, um eine Unterbrechung der überwältigenden Weindynamik Ihres Kindes zu gewährleisten. Egal, ob Sie das Tragetuch zur Hilfe nehmen, den Schnuller anbieten, Ihr Kind stillen oder mit dem Kinderwagen durch den Park düsen – die Ablenkungen sind jetzt sinnvoll, weil Sie Ihnen dabei helfen, eine unerträgliche Spannung zu lindern und eine drohende Ausweglosigkeit vorbeugend abzuwehren.

Es gibt viele Gründe, warum ein begonnener Weinprozess abgebrochen werden muss, zum Beispiel, wenn Sie einen schlechten Tag erwischt haben und Ihnen die nötige Geduld im Umgang mit Ihrem Säugling fehlt. Vielleicht können Sie an diesem Tag nicht bei sich bleiben, weil sie zu müde und erschöpft sind. Vielleicht hat Ihr Baby bereits am Morgen eine längere Zeit geschrien, ohne dass die klassischen Beruhigungsangebote (wie Körperkontakt und Saugangebote) gewirkt hätten, Sie konnten auch bis jetzt nicht herausbekommen, was Ihrem Kind fehlt oder zusetzt. In diesem Fall sind Sie wahrscheinlich schon zu erledigt für eine erneute intensive Schreisituation Ihres Säuglings am Abend. Nehmen Sie es ernst, wenn Sie ungeduldig oder gar gereizt auf das Weinen Ihres Säuglings reagieren. Sie sind kein guter Begleiter für das Weinen Ihres Kindes, wenn Sie unausgeglichen und genervt sind.

Suchen Sie sich in diesem Fall Unterstützung bei Ihrem Partner und überlassen Sie ihm besser die Begleitung des Kindes. Sollten Sie alleine zu Hause sein, verzichten Sie darauf, sich dem Schreien Ihres Babys erneut auszusetzen. Es ist besser, wenn Sie sich jetzt schützen und einen weiteren Spaziergang mit Ihrem Baby unternehmen. Alles, was Ihnen jetzt das Gefühl gibt, etwas tun zu können, wird Ihnen helfen, in einen Zustand innerer Stabilität zurückzukehren.

Notausstieg 3: Bitten Sie aktiv um Hilfe!

Wenn Eltern in der Begleitung ihrer exzessiv schreienden Babys an ihre Erschöpfungsgrenze kommen, besteht eine erhöhte Gefahr für die Aufstauung aggressiver Gefühle, die sich dann auf das Kind richten. Sobald Sie spüren, dass Sie Ihr Limit erreicht haben und die Situation nicht länger aushalten können, holen Sie sich unbedingt Hilfe. Ihre Umwelt muss wissen, dass Sie nicht mehr können, dass Sie vielleicht kurz vor einem Zusammenbruch stehen.

Wer schließlich zu Ihrem Retter in der Not wird, ist ganz individuell. Für manche Eltern sind es nahe Verwandte wie die eigene Mutter oder eine nah stehende Tante, aber es kann auch ein guter Freund sein, dem Sie Ihr Herz ausschütten. Wichtig ist, dass Ihnen jetzt jemand bedingungslos zuhört und Sie mit all Ihren Gefühlen annimmt. Was Sie jetzt ganz sicher am wenigsten brauchen, sind Menschen, die Sie belehren und Ihnen Ratschläge erteilen. Meiden Sie auch diejenigen, die dazu neigen, Sie zu entwerten. Was Sie benötigen, sind wärmende und herzstärkende Begleiter, die Ihnen uneingeschränkt zur Seite stehen.

Schaffen Sie es, Ihre Erschöpfungs- und Belastungsgrenze anzunehmen und trotz starker Schamgefühle andere Menschen um Unterstützung zu bitten, so werden Sie bereits den Akt des Hilfesuchens selbst als stärkend und erleichternd erleben. Sie müssen die Geschehnisse und Ihre Gefühle jetzt nicht weiter leugnen, sondern können mit offenen Karten spielen. Das erleichtert auch den Menschen in Ihrer Nähe, Ihnen Unterstützung anzubieten. Viele würden gerne helfen, aber sie benötigen ein klares Signal, dass ihre Hilfe auch erwünscht ist.

Sollten auch diese kleineren Auszeiten und Unterbrechungen die Situation für Sie und Ihr Kind nicht grundlegend entlasten und sollte das untröstliche Babyschreien weitere Tage anhalten, ist das unter Umständen ein klares Zeichen, dass Sie professionelle Hilfe benötigen. Dazu erfahren Sie im nächsten Kapitel mehr.

15 Wenn Selbsthilfe nicht mehr reicht – Der Weg in die professionelle Hilfe

Die Prinzipien der Emotionellen Ersten Hilfe, die ich Ihnen bisher in diesem Buch vorgestellt habe, sollen Eltern im alltäglichen Leben mit ihrem Kind unterstützen. Sie sollen dabei helfen, größere und kleinere Krisen im Umgang mit den starken Gefühlen ihres Kindes besser zu bewältigen. Ich bin der festen Überzeugung, dass nicht jede Operation, nicht jede schwierig verlaufende Geburt und nicht jede andere akute Schreckerfahrung gleich einen Psychologen oder Babytherapeuten nötig macht. Viele Eltern finden im Laufe der Zeit einen für sie passenden Weg, wie sie die schwierigen Phasen mit ihrem Kind gut meistern können. Ergänzen sich die Paare gut, können sie auch abwechselnd füreinander einspringen, wenn sich einer von ihnen mal innerlich überfordert und genervt fühlt. Oft reichen einige Stunden, in denen man dem Familienalltag den Rücken kehrt und Freunde trifft, Sport treibt oder einfach mal in einem Café sitzt und gar nichts tut, um immer wieder neue Kraft zu tanken. Und volle Energiespeicher sind nötig, um mit dem Kind die in diesem Buch beschriebenen emotionalen Nadelöhre zu meistern.

Arbeiten Sie in Ihrer Familie als Team zusammen? Betreiben Sie hinreichend Selbstfürsorge? Achten Sie auf die Signale Ihres Körpers? Wenn dem so ist, dann liegen beste Voraussetzungen vor, dass Sie Ihrem Kind auch in den intensiven Phasen, in denen es von seinen Emotionen geschüttelt wird, zur Seite stehen können. Sehr wahrscheinlich können Sie Ihrem Baby auch ohne professionelle Hilfe dabei helfen, wieder in sein emotionales und körperliches Gleichgewicht zurückzufinden. Und doch gibt es eine Reihe von Situationen, in denen Sie als Eltern in krisenhaften Zeiten mit Ihrem Kind einen professionellen Helfer oder eine Beratungseinrichtung aufsuchen sollten, um mit Ihren Sorgen nicht allein zu bleiben. Hierbei spielt es in erster Linie keine Rolle, wer hier der Ansprechpartner Ihres Vertrauens ist. Für viele Eltern ist es der begleitende Kinderarzt. Er sollte in der Lage sein, eine frühkindliche Regulationsstörung Ihres Kindes zu diagnostizieren. Er kann vor allem ausschließen, ob körperliche Erkrankungen vorliegen, die dafür verantwortlich sind, dass Ihr Baby mehr als gewöhnlich schreit. Eine weitere Ansprechpartnerin kann Ihre begleitende Hebamme sein, die Sie und Ihr Kind bereits von Beginn an kennt. Entweder können Sie mit ihr aufgrund ihres fachlichen Hintergrunds erste Schritte der Problemlösung entwickeln oder aber sie verweist Sie an einen Spezialisten auf diesem Gebiet, das könnte ein Fachberater sein, der auf die frühen Probleme von Eltern und Säuglingen spezialisiert ist. Weitere Informationen und Beraterlisten finden Sie im Infoteil dieses Buches.

Ärztliche Abklärung

Wenn Ihr Baby immer wieder längere Schreiphasen durchlebt, ohne dass Sie die Reaktionen Ihres Kindes einordnen können, braucht es vorerst eine medizinische Abklärung durch einen Arzt. Es muss ausgeschlossen werden, dass die sich wiederholenden Stressreaktionen Ihres Babys nicht mit körperlichen Erkrankungen zusammenhängen. Besonders dringlich empfehle ich das, wenn die Schreiattacken Ihres Babys sehr unvermittelt, spitz und schrill sind, ein bisschen so als würde dem Baby während des Weinens ein Schmerz zugefügt.

Dieses Schreien ist sehr besorgniserregend. Wenn Sie den Eindruck gewinnen, dass Ihnen die erst vor wenigen Tagen aufgetretene Schreiart unbekannt ist, sollten Sie die Situation von einem Kinderarzt Ihres Vertrauens medizinisch abklären lassen. Eine medizinische Ursache für die Schreie könnte zum Beispiel eine Mittelohrentzündung sein. Sie kommen recht häufig im frühen Säuglingsalter vor. Durch die Entzündung kommt es zu größeren Schwellungen des Gewebes, die schmerzhafte Reize ausüben, die das Kind dann anfallsartig plagen, so als würde es »von einer Tarantel gestochen« werden. Schrilles Aufschreien und Zurückweisung der elterlichen Kontaktangebote sind kennzeichnend für die Krankheit. Obwohl nicht alle spitzen Babyschreie eine körperliche Ursache haben, braucht jeder Vater und jede Mutter die Gewissheit, dass das Kind gesund ist. Sobald vonseiten des Arztes Entwarnung gegeben wird, können Sie die nächsten Schritte einleiten und sich eine passende Beraterin oder Einrichtung suchen, die Sie auf Ihrem Weg mit Ihrem Baby begleitet.

Wann wird professionelle Hilfe nötig?

Das Aufsuchen einer Schreiambulanz oder Beratungseinrichtung kostet viele Eltern Mut und Überwindung. Zu groß ist oftmals die Scham zuzugeben, dass man alleine nicht mehr weiterkommt. Viele Eltern erleben den Schritt zur professionellen Beratung als Niederlage. Sie glauben, als Mutter oder Vater versagt zu haben, weil sie ihrem Kind nicht die nötige Sicherheit vermitteln konnten. All unser Wissen aus der Säuglings- und Bindungsforschung könnte die Situation in dieser Hinsicht nicht vereinfachen.

Gerade weil heutzutage so viele Menschen von der Notwendigkeit einer stabilen Eltern-Kind-Beziehung wissen und davon überzeugt sind, sind die Ansprüche an das elterliche Selbstideal oft sehr viel strenger als früher. Damals durfte man – sozusagen gesellschaftlich legitimiert – auch mal mit seinen Methoden daneben liegen, lustlos seinen Elternjob verrichten oder vielleicht auch mal aus der Haut fahren. In der Generation meiner eigenen Eltern war es noch üblich, Babys im Kinderwagen in den Garten zu stellen. Wenn sie dort jammerten, weinten oder nicht einschlafen konnten, war das eben so. Es war normal, zuerst mal zu schauen, ob das Baby alleine klarkommt oder in der Lage ist, sich selbst zu beruhigen. Aber auch wenn es stärker zu weinen begann, war es ganz selbstverständlich, erst einmal etwas länger abzuwarten, bis man zum Baby ging und es hochnahm. Dafür musste sich niemand schämen. Ich erinnere mich noch, wie auf Familienfesten meiner Kindheit über Babys gesprochen wurde, die besonders viel weinten, und zwar wie über eine länger anhaltende Schlechtwetterfront über Ostfriesland: »Das ist eben so. Kann man nicht ändern. Muss man mit klarkommen.« Keine Mutter schämte sich dafür, dass es nicht klappte. Es lag außerhalb der eigenen Verantwortung. Schlechtes Wetter kommt, schlechtes Wetter geht auch wieder.

Sicher gab es damals viel Unwissenheit darüber, wie Babys überhaupt ticken und was ihre grundlegenden Bedürfnisse sind, aber ganz sicher lösten die kleineren und größeren Hürden des Erziehungsalltags weniger Selbstwert- und Schamkonflikte aus, die heute so weitverbreit bei Eltern zu beobachten sind. Und genau diese hohen Leistungsansprüche, die viele Eltern heute an sich selbst stellen, vergrößert die Hürde sehr, Fachpersonen aufzusuchen, die einem unter die Arme greifen, wenn man nicht mehr weiterweiß.

Aber zurück zu der Frage, wann der richtige Moment gekommen ist, um zum Telefon zu greifen und eine Fachperson um einen Termin zu bitten. Der wichtigste Ratgeber für den richtigen Zeitpunkt ist Ihr ganz persönliches Gefühl. Die meisten Eltern, die zu uns in die Eltern-Baby-Krisenambulanz kommen, beschreiben sehr präzise, wann sie für sich gespürt haben, dass sie die Begleitung ihres schreienden Babys aus eigener Kraft nicht mehr schaffen. Tatsächlich erleben viele Eltern, die ihre Belastungsgrenze mit ihrem Baby überschritten haben, jeden neuen Tag als Bürde, nicht selten ist die Freude auf den Tag schon morgens verflogen, noch bevor sie den Pyjama überhaupt ausgezogen haben. Hier mal eine Checkliste, mit deren Hilfe Sie überprüfen können, wie hoch Ihre aktuelle Belastung ist und ob die genannten Punkte überhaupt auf Sie zutreffen:

Ist es aktuell so, dass

- es Ihnen nicht mehr gelingt zu entspannen, selbst wenn Ihr Baby schläft und zur Ruhe kommt,
- Sie keinen erholsamen Schlaf mehr finden oder Ihnen bereits tagsüber die Augen vor Müdigkeit zufallen,
- Sie ständig an Ihrer Fähigkeit als Mutter und Vater zweifeln,
- Sie auch in den entspannten Phasen Ihres Kindes keinen Zugang zu seinem Verhalten finden und das Gefühl haben, vor einem Buch mit sieben Siegeln zu stehen,
- Sie die Signale und das Schreien Ihres Babys über einen längeren Zeitraum nicht verstehen (obwohl eine medizinische Ursache für das exzessive Schreien Ihres Kind ausgeschlossen werden konnte),
- Sie häufiger aus der Haut fahren und den Impuls verspüren, Ihr Kind während seiner Schreiphasen zu schütteln oder anzubrüllen,
- Sie von dauerhaften Ängsten geplagt werden, Ihr Kind sei ernsthaft erkrankt oder es könnte sogar sterben, obwohl Sie von den Ärzten bereits das Gegenteil gehört haben,
- Sie sich bezüglich Ihrer Sorgen von Ihrem Partner nicht mehr gehört und verstanden fühlen,
- Sie das Haus nicht mehr verlassen, weil Sie das Schreien Ihres Babys in der Öffentlichkeit beschämt,
- Sie bei den heftigen Schreiepisoden Ihres Babys regelmäßig stark zu zittern beginnen und diese körperliche Reaktion auch nicht mehr kontrollieren und beeinflussen können,
- Sie starke Ablehnungsgefühle gegenüber Ihrem Kind empfinden, sobald es sich nicht mehr von seiner fröhlichen und genügsamen Seite zeigt,
- Sie von Gedanken geplagt werden, in denen Sie es bereuen, sich in der Schwangerschaft für Ihr Kind entschieden zu haben,
- Sie immer wieder den Zugang zu Ihren warmen und fürsorglichen Gefühlen für Ihr Kind verlieren oder diese bisher gar nicht entwickeln konnten?

Sollte einer oder gleich mehrere Punkte auf dieser Liste auf Sie zutreffen, dann wäre mein dringender Rat: Warten Sie nicht länger, sondern suchen Sie sich jetzt eine professionelle Unterstützung. Das kann ein Fachberater bzw. Therapeut für Emotionelle Erste Hilfe (EEH) sein, der nach den hier vertretenen Ansätzen arbeitet, oder ein Ihnen bekannter Arzt, Psychologe oder eine Hebamme, die in einem anderen Verfahren der Eltern-Säugling-Psychotherapie und Beratung ausgebildet sind. In einem ersten Treffen wird dann untersucht, wo das Problem genau liegt und welche Lösungswege es aus der Krise gibt. Fast in jeder mittelgroßen Stadt gibt es mittlerweile Schreibaby-Ambulanzen. Das sind Einrichtungen, die sich speziell auf die Begleitung von Eltern mit ihren extrem schreienden Säuglingen spezialisiert haben.

In der Regel werden in den Beratungseinrichtungen sehr unterschiedliche Verfahren und Ansätze angeboten. Da die Begleitung in nachgeburtlichen Krisen und von exzessiv schreienden Säuglingen teilweise in sehr unterschiedliche Richtungen gehen, sollten Sie sich zunächst einmal erkundigen, welche Beratungsansätze von den jeweiligen Anbietern und Einrichtungen vertreten werden. Wenn Sie als Leser sicher gehen wollen, dass die Experten nach den in diesem Buch beschriebenen Prinzipien der Emotionalen Erste Hilfe arbeiten, besuchen Sie die EEH-Homepage, auf der Sie eine Liste der international zertifizierten EEH-Berater und Therapeuten finden: www.emotionelle-erste-hilfe.org

Noch ein letztes Wort zum richtigen Zeitpunkt, an dem die Reißleine gezogen werden sollte. In letzter Instanz entscheidet Ihr ganz persönliches Gefühl. Die klassische Dreier-Regel, die genutzt wird, um potenzielle »Schreibabys« zu diagnostizieren, ist mit etwas Vorsicht zu genießen, denn sie besagt, dass ein Baby mindestens drei Stunden am Tag an mindestens drei Tagen in der Woche über drei Wochen hinweg schreien sollte, bevor wir von einem exzessiven Schreibaby-Syndrom sprechen. Diese Vermessung der Dauer des Schreiens ist sicher eine gute, erste Orientierung für betroffene Eltern. Wird die Dreier-Regel erfüllt, können wir mit ziemlicher Sicherheit davon ausgehen, dass die Situation mit ihrem Baby schon sehr zugespitzt ist. Aber diese zeitlichen Einordnungen haben ihre Tücken: Denn was macht eine junge unerfahrene Mutter, die bereits nach zwei Wochen an einem Punkt angekommen ist, an dem sie nicht mehr weiter weiß und mit dem Rücken zur Wand steht? Was tun, wenn das Baby vielleicht erst 90 Minuten untröstlich schreit, die Begleitperson aber bereits am Rande eines Nervenzusammenbruchs ist? Oder was mache ich, wenn mein Baby nur einmal die Woche so heftig schreit, dass die Wände wackeln und ich in der Situation völlig den Überblick verliere?

Egal, wie Sie es auch drehen und wenden, Sie sollten Hilfe aufsuchen, wenn Sie an die Grenzen Ihrer Belastungsfähigkeit kommen. Dies kann schon wenige Tage nach der Geburt der Fall sein oder erst nach einem halben Jahr passieren. Wenn Ihre Gedanken nicht mehr zur Ruhe kommen, wenn Sie nicht mehr abschalten und entspannen können, dann ist es Zeit, etwas zu tun. Wann dieser Moment gekommen ist, bleibt letztlich eine sehr persönliche Entscheidung.

Nachgeburtliche Depression und Babyschreien

Eine Reihe der gerade beschriebenen Phänomene könnten durchaus Hinweise für eine beginnende nachgeburtliche Depression sein. Gerade wenn Mütter (die Erkrankung taucht bei den Vätern seltener auf) über längere Phasen emotional sehr instabil sind, wenn sie mehrmals täglich in Tränen ausbrechen oder über wiederkehrende Reizbarkeit und Selbstzweifel klagen, muss über eine psychische Erkrankung nachgedacht werden. Die nachgeburtliche Depression ist eine anerkannte psychische Erkrankung, die unbedingt von einem Psychiater bzw. Psychotherapeuten begleitet werden muss. Bei stärkeren Ausprägungen dieses Krankheitsbildes ist oftmals auch eine medikamentöse Unterstützung ratsam und hilfreich. In vielen Fällen ist eine ambulante Eltern-

Säugling-Psychotherapie in Kombination mit der Einnahme eines Antidepressivums – also eines Medikaments, das die depressiven Symptome wie Niedergeschlagenheit, Sorgendenken oder Schlaflosigkeit unterdrückt – ein sehr Erfolg versprechender Weg, um die Krise zu bewältigen.

Manchmal kann die Depression solche Ausmaße annehmen, dass die betroffenen Mütter auch darüber nachdenken, sich und ihr Kind zu töten. Hier wird in aller Regel eine mehrwöchige psychosomatische Behandlung in einer Mutter-Kind-Klinik und eine gezielte Medikation nötig sein, um die nachgeburtliche Depression und die damit einhergehenden Krisensymptome gut zu behandeln. Bitte beachten Sie, dass nur sehr wenige Kliniken die betroffenen Mütter zusammen mit ihren Babys aufnehmen und behandeln. Obwohl viele betroffene Mütter aufgrund ihrer psychischen Erkrankung nur zeitweilig in der Lage sind, ihre Kinder ohne äußere Unterstützung hinreichend zu versorgen, wünschen sich die meisten von ihnen doch, dass sie während ihrer psychiatrischen Behandlung ihre Kinder nicht alleine lassen müssten. Falls es so sein sollte, dass bei Ihnen eine derartige psychische Erkrankung festgestellt wird, suchen Sie selbst nach einer Klinik, in der es möglich ist, dass Ihr Kind bei Ihnen bleiben kann und die Behandlung nicht nur Ihre Erkrankung, sondern auch die Beziehungsprobleme zwischen Ihnen und Ihrem Kind behandeln.

Weitere wertvolle Informationen zum Thema psychische Erkrankungen nach der Geburt (u. a. auch die nachgeburtliche Depression) finden sie auf der Seite des Vereins Schatten und Licht, einer Organisation, die sich ganz besonders der Unterstützung von depressiven Müttern und Vätern verpflichtet fühlt: www.schatten-und-licht.de

Posttraumatische Belastungen der Eltern

Bestimmte Erfahrungen während der Schwangerschaft, Geburt oder in der ersten Zeit danach – wie etwa Operationen, plötzliche Trennungen, Kaiserschnittgeburten etc. – können für Mütter (und auch Väter, die sie miterlebt haben) so mächtig sein, dass sie psychisch nicht verarbeitet werden können. Die Erlebnisse sind dann so überwältigend und erschreckend, dass die Betroffenen den Stress in ihrem Körper nicht mehr aus eigener Kraft lösen und bewältigen können. Sie bleiben förmlich auf dem verkörperten Schrecken sitzen. In solchen Fällen kann das Babyschreien ein Auslöser für mächtige und unkontrollierbare Gefühls- und Körperreaktionen sein. So könnte es passieren, dass Sie, sobald Ihr Baby losschreit, am ganzen Körper zu zittern beginnen, schweißnasse Hände bekommen, ihr Herz zu toben anfängt und sie plötzlich von inneren Bildern der ursprünglichen Stresssituation (z. B. ihrer Ohnmacht im Kreissaal der Geburtsklinik) bedrängt werden. Diese Symptome könnten Hinweise dafür sein, dass Sie – infolge dieser überwältigenden Ereignisse – an einer sogenannten posttraumatischen Belastungsstörung (PTBS) leiden. Auch hierbei handelt es sich um eine klassifizierte psychische Erkrankung, die behandlungswürdig ist. Konkret zeigt sich, dass Eltern, die an einer unbehandelten Traumafolgestörung leiden, sicher große Mühe haben werden, die »heißen« Gefühle ihres Kindes sicher zu begleiten. Gerade die Babyschreie wirken durch ihre Intensität oftmals als »Trigger« für die gerade stürmischen Körpersymptome. Eine Folge ist, dass sich Eltern mit derartigen Hintergründen ganz besonders bemühen, die emotionalen Ausdrucksprozesse ihrer Kinder zu vermeiden. Das heißt, sie werden sich kräftig ins Zeug legen, ihren Säugling bzw. ihr Kleinkind bei Laune zu halten und vom Schreien abzulenken. Sehr häufig werden diese posttraumatischen Belastungsstörungen im Zuge dieser nachgeburtlichen Krisen gar nicht erkannt, weil in erster Linie das Kind mit seiner Regulationsstörung im Vordergrund steht. Umso wichtiger ist es, die spezifischen psychischen und körperlichen Reaktionen der betroffenen Eltern genau zu untersuchen, um im Bedarfsfall weitere Schritte einzuleiten. Wurden bestimmte Ereignisse während der Schwangerschaft oder rund um die Geburt traumatisch verarbeitet, ist in der Regel eine Traumapsychotherapie nötig, um die inneren Hindernisse, die einer stabilen Beziehung zum Kind im Weg stehen, frühzeitig zu beseitigen.

Paarkonflikte

Für jedes Elternpaar ist die Begleitung eines Säuglings, der viele Stunden am Tag quengelt und weint, eine enorme Herausforderung. Die Betreuung eines oft untröstlich schreienden Kindes ist anstrengend und erfordert Zeit. Abends verbringt einer der Partner häufig viel Zeit an der Seite des Babys, da es sonst nicht ein- und weiterschläft. Viele Mütter oder Väter, die den Tag alleine mit dem Kind verbracht haben, sind am Abend derart erschöpft, dass sie direkt auf dem Sofa einschlafen oder nur noch ihre Ruhe haben wollen. Für den anderen Partner kann dieser Umstand eventuell nur schwer zu ertragen sein. Er oder sie war den ganzen Tag nicht bei der Familie und hat sich daher auf das Baby und auf den Menschen gefreut, mit dem er oder sie dieses Kind in die Welt gesetzt hat. Für viele junge Familien besteht das Leben, gerade dann, wenn das Baby sehr fordernd ist, nur noch aus einer Abfolge von Babyschreien, Windelwechseln oder Gesprächen über die Verdauung des Nachwuchses. Diese Mischung aus Zeitmangel, Doppelbelastung durch Beruf und Familie sowie einem nicht zu unterschätzenden Maß an Schlafentzug lässt das erste Jahr nach der Geburt oftmals zur Nagelprobe für die Liebesbeziehung der Eltern werden. Für viele Paare wird die Vielzahl der zu erledigenden Pflichten zu einer Herkules-Aufgabe, es scheint dann fast unmöglich zu sein, noch für genügend Gelegenheiten zu sorgen, bei denen jeder über seine Gedanken, Wünsche und Unsicherheiten sprechen kann. Auch fehlt in dieser fordernden Frühphase der Familienbildung häufig die Zeit und Muße, um liebevolle Zärtlichkeiten auszutauschen. All das zusammen kann schnell eine explosive Mischung ergeben, und eines Tages – scheinbar ohne Vorwarnung – fliegen den Eltern die ungelösten Konflikte, zurückgehaltenen Enttäuschungen, Kränkungen und der aufgestaute Ärger um die Ohren.

Gerade wenn viele unausgesprochene Erwartungen die Partnerschaft belasten, entsteht schnell eine Atmosphäre aus wechselseitiger Entwertung und Feindseligkeit. Das, was ich auf einigen Seiten zuvor als Frühwarnzeichen eines beginnenden Bindungsverlustes zum Kind beschrieben habe, lässt sich ohne Probleme auf die Störungen in der erwachsenen Paarbeziehung übertragen. Auch gelingt es oft nicht mehr, Nähe und Verbundenheit herzustellen, die Sichtweisen des jeweils anderen nachzuvollziehen oder die latente Feindseligkeit in ein zärtliches und empathisches Miteinander zu verwandeln. Wenn diese Situation bereits seit einem längeren Zeitraum besteht, sollte das Paar aufmerksam werden. Denn der Mix aus Stress und Kontaktverlust führt schnell in einen Kreislauf aus Entfremdung und Langeweile, aus dem aus eigener Kraft nur noch schwer ein Ausweg zu finden ist.

Wenn Ihr Beziehungsalltag nur noch aus Vorwürfen und Streitereien besteht, ist es sehr ratsam, präventiv eine professionelle Hilfe in Form einer Paarberatung in Anspruch zu nehmen. In dem geschützten Raum dieser begleiteten Paargespräche kann ein geschulter Therapeut oder Coach Ihre unterschiedlichen Sichtweisen vermitteln und Sie einladen, die Perspektiven des Anderen einzunehmen und zuzulassen.

Denken Sie bitte daran, dass Ihr Baby alle nicht integrierten und wahrgenommenen Stimmungen und Gefühle von Ihnen aufschnappt und ausdrückt. Es nimmt jede spannungsvolle Atmosphäre zwischen Ihnen und Ihrem Partner mit seinem Körper auf, ohne dass es diese Stimmung genauer einordnen und verstehen könnte. Manche unruhigen und häufig weinenden Babys machen somit einen Job, den eigentlich Sie als Eltern des Kindes erledigen sollten. Babys drücken somit in Form von Schreien und Unruhe jene Gefühle aus, die die Erwachsenen nicht wahrnehmen und kommunizieren können. Wenn Sie sich eine Unterstützung für die Spannungen in Ihrer Paarbeziehung holen, dann tun Sie das für sich, für das Fortbestehen Ihrer Liebesbeziehung, aber auch für Ihr Kind, dem Sie so eine große Last und Verantwortung von den Schultern nehmen. Paararbeit ist somit immer auch vorbeugende Bindungspflege.

16 Der EEH-Ressourcen-Koffer – Wie Sie lernen können, mit sich in Verbindung zu bleiben!

Wenn Sie mir bis hierher gefolgt sind, haben Sie verstanden, dass das A und O eines gelingenden Elternseins mit der Qualität Ihrer Selbstanbindung zusammenhängt. Die hier aufgeführten Übungen sollen praktische Anregungen geben, um diese wichtige Fähigkeit des Bei-sich-Bleibens in langsamen Schritten zu verinnerlichen und zu üben.

Eine erste wichtige Grundhaltung, die Sie benötigen, um mit sich selbst und Ihrem Kind gut verbunden zu bleiben, ist die Fähigkeit der *achtsamen Körper-Selbstbeobachtung*. Das bedeutet, Sie müssen auf die vielfältigen Signale Ihres Körpers achten, während Sie die unterschiedlichen Beziehungsmomente mit Ihrem Kind erleben. Egal, ob Sie mit Ihrem Baby spielen, es massieren, es sanft auf Ihrem Bauch schlummert oder aber bitterlich in Ihren Armen weint, weil eines seiner Bedürfnisse gerade unzureichend versorgt ist – in jedem dieser Augenblicke reagiert Ihr Körper mit Empfindungen und Gefühlen, die Sie wahrnehmen können. Je nachdem, ob Sie die Situation, die Sie gerade erleben, genießen oder ob diese Sie anstrengt, die Aufregung und Spannung in Ihrem Körper wird entweder ab- oder zunehmen, Ihr Herzschlag wird sich entweder beruhigen oder beschleunigen und Ihre Atmung wird entweder tiefer oder flacher.

In diesen unterschiedlichen Augenblicken – vor allem aber in jenen, in denen Sie viel Stress im Zusammensein mit Ihrem Kind erleben – ist es hilfreich, dass Sie wahrnehmen und beobachten, was gerade in Ihnen geschieht. Damit diese achtsame Selbstbeobachtung gelingt, müssen Sie einen Teil Ihrer Aufmerksamkeit nach innen richten und erspüren, welche Veränderungen dort gerade passieren. Für die meisten Mütter und Väter, die mit dieser achtsamen Grundhaltung nicht vertraut sind, ist es gar nicht so einfach, auf all das, was sich in Ihrem Körper abspielt, zu achten, während Sie zeitgleich mit anderen Aktivitäten beschäftigt sind. Die ersten Übungen, die ich Ihnen vorschlage, sind einfache Wahrnehmungsübungen, mit denen Sie das innere Erleben Ihres Körpers erkunden können.

Die Übungen im zweiten Block helfen Ihnen dabei, bei sich zu bleiben, und dienen dem Erlernen einer spezifischen Atemtechnik, die Sie in akuten Stresszuständen bewusst einsetzen können, um in einen Zustand der inneren Sicherheit und Öffnung zurückzukehren. Die wichtigste Methode, die wir in diesem Kontext nutzen und deren Ansatz aus der Emotionellen Ersten Hilfe (EEH) stammt, ist die Anleitung zur bauchzentrierten Atmung oder auch kurz: *Bauchatmung*. Mit dieser Atemtechnik haben Sie ein wunderbares Werkzeug zur Hand, das es Ihnen erleichtert, stressbedingte Schwächungen Ihrer Beziehungsfähigkeit a) zu erkennen und b) in positiver Weise zu beeinflussen. Bevor Sie die Methode auch in stressigen Momenten – wie etwa in Schreisituationen Ihres Babys – problemlos anwenden können, sollten Sie vorerst das Prinzip der hier vorgeschlagenen Übungen erst einmal in einer sehr entspannten Atmosphäre mit Ihrem Kind ausprobieren, bevor Sie die Atemtechnik dann im Ernstfall einsetzen.

Eine dritte Gruppe in diesem Übungskanon setzt sich aus einfachen Anleitungen zusammen, die Ihnen dabei helfen, über die *Vorstellung von inneren Bildern (Psycho-Imagination)* Ihre inneren Bindungskräfte gezielt zu stärken. Diese Techniken sind vor allem dann gut, wenn Sie sich in schwierigen Situationen mit Ihrem Baby allein gelassen fühlen und Sie sich einen nahen Menschen – zum Beispiel Ihren Partner – an Ihrer Seite wünschen, der aber gerade nicht verfügbar ist. Spannend ist, dass diese Imagination von nahen Beziehungsmomenten mit Ihrem Kind oder anderen Menschen ganz ähnliche positive Regelkreise in Ihrem Körper anregen wie die reale Erfahrung körperlicher Begegnung und Nähe.

Zum Abschluss werde ich Ihnen dann noch eine Partnerübung vorstellen, die ich das *körperorientierte Zwiegespräch* nenne. Es ist eine Weiterentwicklung der ursprünglich vom Frankfurter Psychoanalytiker Lukas Moeller entwickelten »Zwiegespräche«, deren einfache Struktur Ihnen hilft, mit Ihrem Partner in ein berührendes und tiefer gehendes Gespräch zu kommen (Moeller, 2010). Den von Moeller entwickelten Regeln habe ich in meinem eigenen Modell eine weitere Komponente hinzugefügt: Am Ende dieser Übung wählen Sie und Ihr Partner jeweils eine für sich selbst optimale Körperberührung, die Ihnen im besten Fall einen Zustand von Geborgenheit und Vertrautheit eröffnet (Deyringer, 2016). Für diese Übung brauchen Sie aufgrund des Zeitaufwands etwas Disziplin, um Sie in den normalen Alltag zu integrieren, aber sie kann Sie enorm dabei unterstützen, auch in anstrengenden Zeiten des Elternseins ein bleibendes Gefühl der Intimität und Verbundenheit zu erzeugen.

Achtsame Selbstbeobachtung

Übung 1: Den eigenen Körper erkunden

Ich stelle Ihnen als Erstes eine klassische Achtsamkeitsübung vor, die Sie alleine, aber auch in Verbindung mit Ihrem Baby ausprobieren können. Es geht in dieser Übung darum, dass Sie Ihre verschiedenen Körperempfindungen sehr bewusst beobachten und wahrnehmen. So wie der Lichtschein einer Taschenlampe im Dunklen verschiedene Dinge beleuchten kann, richtet sich Ihre auch Aufmerksamkeit auf unterschiedliche Aspekte Ihres körperlichen Erlebens.

Um diese Übung gut durchführen zu können, sollten Sie hierfür einen ruhigen und entspannten Moment mit Ihrem Kind wählen. Ihr Baby kann dabei auf Ihrem Bauch liegen und von ihren Atembewegungen geschaukelt werden. Letztlich können Sie diese Achtsamkeitsübung aber beinahe zu jedem Zeitpunkt mit

Ihrem Kind praktizieren, zum Beispiel, wenn Sie mit Ihrem Baby im Wartezimmer Ihres Kinderarztes sitzen oder wenn Ihr Kind vor Ihnen sitzt und in ein Spiel vertieft ist. Entscheidend ist bei dieser Übung, dass Sie die ganze Zeit mit Ihrer Aufmerksamkeit eine Weile durch Ihren Körper wandern und sich bewusst werden, was sich in Ihrem Inneren abspielt.

Vielleicht genießen und lieben Sie diese innigen Begegnungen mit Ihrem Kind auf Ihrem Körper. Bisher haben Sie sich vielleicht einfach gesagt, das sei »schön« oder »angenehm« oder »erholsam«. In dieser Übung wollen wir uns diesen angenehmen Zustand etwas genauer anschauen. Vielleicht haben Sie den Blick in diesem Moment vor allem auf Ihr Kind gerichtet, können sich gar nicht sattsehen an dem Anblick Ihres sanft auf Ihrem Bauch schlummernden Babys. Wenden Sie jetzt dennoch Ihren Blick und Ihre Aufmerksamkeit auf das Innere Ihres eigenen Körpers. Wie fühlt sich dieser genussvolle Augenblick auf der Ebene Ihrer körperlichen Empfindungen an? Versuchen Sie neugierig und ohne Erwartungen alles aufzunehmen, was Sie jetzt in Ihrem inneren Erleben erfassen können.

Vielleicht spüren Sie die abstrahlende Wärme Ihres Babys, das auf Ihrem Körper ruht. Nehmen Sie wahr, wie seine Körperwärme ähnlich einer Flüssigkeit in Sie hineinfließt und sich in Ihrem Bauchraum verteilt. Nehmen Sie wahr, ob bzw. wie sich die Wärme weiter in Ihrem Körper ausbreitet. Vielleicht strömt sie jetzt in Richtung Ihrer Beine oder in den Bereich Ihres Oberkörpers, wo sie dann in Arme und Hände abstrahlt. Als nächstes richten Sie Ihre Aufmerksamkeit auf die Außenbereiche Ihres Körpers. Wo genau berührt Ihr Körper die Sitzfläche unter Ihnen, die Lehne oder Kissen in Ihrem Rücken? Nehmen Sie wahr, an welchen Punkten Ihr Körper aufliegt. Vielleicht können Sie spüren, wie Sie das Gewicht Ihres Körpers bei jeder Atembewegung an diese Berührungsflächen abgeben.

Jetzt konzentrieren Sie sich auf den Rhythmus Ihrer Atmung. Wie ist Ihre Atmung, während Sie zufrieden mit Ihrem Baby zusammen sind? Spüren Sie ganz bewusst den Moment, in dem Sie einatmen und der Atem in Richtung Ihres Bauches vordringt, wie sich ihre Flanken weiten und sich Ihre Bauchdecke hebt. Nehmen Sie wahr, wie Sie gerade atmen. Vielleicht atmen Sie in diesem innigen Moment mit Ihrem Baby ganz mühelos, rhythmisch und mit ihm in Einklang. Vielleicht fühlt es sich sogar an, als würde sich Ihr Atem in Ihrem Körper Raum und Platz verschaffen. Hat Sie der Tag vor Beginn dieser Übung eher gefordert? Möglicherweise nehmen Sie zur Kenntnis, wie bestimmte Bereiche Ihres Körpers noch angespannt sind und Ihnen das Atmen erschweren. Vielleicht können Sie dann spüren, wie ein Gefühl von Enge in der Brustmitte Ihre Atmung stocken lässt. Nehmen Sie die verschiedenen Zustände und Empfindungen Ihres Körpers wahr, ohne diese zu bewerten. Geben Sie sich viel Zeit und Raum, um alles genau zu erfassen, was Sie in diesem Augenblick des Wohlseins und des Einklangs mit Ihrem Kind in Ihrem Körper erleben: Wandern Sie mit Ihrer Aufmerksamkeit weiter durch Ihren Körper und staunen Sie über das, was Sie dort entdecken können. Vielleicht machen Sie nach einer Weile dieser absichtslosen Selbstbeobachtung die Erfahrung, dass sich Ihr Körper jetzt weicher, vitaler und aufgeweckter anfühlt. Begegnen Sie jeder dieser Körperwahrnehmungen mit Wertschätzung. Sie spüren sich und Sie sind lebendig!

Zum Abschluss dieser Übung wenden Sie den Blick noch mal auf Ihr Baby, das weiterhin ruhig auf Ihrem Bauch liegt. Hat sich durch die Wahrnehmungsübung etwas zu Ihrem Kind verändert? Vielleicht spüren Sie noch mehr Wertschätzung und Dankbarkeit, wenn Sie Ihr Baby anschauen und das Bild von Ihrem Kind auf sich wirken lassen, spüren Sie Ihr Herz und fühlen eine große Zuneigung oder Liebe zu Ihrem Baby, während es sanft und friedlich in Ihrem Arm schlummert.

Übung 2: Den inneren Stress erkunden

Wenn Sie die obige Übung bereits ein paar Mal probiert haben und es Ihnen ganz gut gelingt, Ihre Aufmerksamkeit nach innen auf Ihren Körper zu lenken, können Sie einen Schritt weitergehen.

Fangen Sie damit an, sich in anstrengenden Alltagssituationen mit Ihrem Kind zu beobachten, zum Beispiel, wenn sich Ihr Baby seit einigen Stunden unruhig und quengelnd auf Ihrem Arm befindet. Beginnen Sie mit der Übung zunächst in ganz moderaten Anspannungsmomenten. Sie können dann langsam die Stressstärke steigern, sodass Sie irgendwann vielleicht sogar in der Lage sind, während des Babyschreiens zeitgleich Ihren Körper zu beobachten. Tasten Sie sich langsam heran, Sie werden diese ersten beiden Übungen häufig wiederholen müssen, bis es soweit ist, dass Ihnen die Stresserkundung auch in Schreisituationen gelingt. Diese Übung soll Ihnen dabei helfen herauszufinden, was in einer anstrengenden Situation eigentlich mit Ihnen los ist.

Lenken Sie dazu Ihre Aufmerksamkeit ins Innere Ihres Körpers. Während Sie wahrnehmen, wie Ihr Kind an Ihrem Körper zappelt, seine Beine versteift oder sich überstreckt, richten Sie den Fokus Ihrer Aufmerksamkeit auf das, was in Ihrem Körper geschieht. Was passiert dort, wenn Sie sich »genervt« fühlen und Ihnen »zum Weglaufen« zumute ist, weil Ihr Baby so unzufrieden ist und jammert. Wandern Sie im Geiste durch Ihren Körper und nehmen Sie all die Körperbereiche wahr, die sich in diesem Moment »eng« und »verspannt« anfühlen. Vielleicht erleben Sie Ihre Brust »fest« und unbeweglich, fast so als läge ein großes Gewicht darauf.

Vielleicht können Sie als nächstes wahrnehmen, wie es in diesem Augenblick um Ihre Atmung steht. Gerade in solchen stressigen und anstrengenden Situationen mit Ihrem Kind könnte Ihre Atmung sehr flach und unterdrückt sein. Sie haben dann womöglich das Gefühl, als würden Sie angestrengt, »holprig« oder mit »Nachdruck« atmen, ganz so als müssten Sie in Ihrem Körper gegen einen Widerstand atmen, der sich aber nicht überwinden lässt.

Können Sie jetzt, da Ihr Kind immer unruhiger und ungehaltener wird, ein feines »Flirren« und »Kribbeln« in verschiedenen Bereichen Ihres Körpers wahrnehmen? Ist es ein bisschen so, als wäre ein Schwarm aufgeregter Hummeln in Ihnen unterwegs? Ver-

suchen Sie, Ihre innere Aufregung nicht zu bewerten, sondern ihr einfach nur nachzuspüren. Benennen Sie im Geiste all diese Körpersensationen, die Sie gerade erhaschen können: »Jetzt spüre ich die Enge, jetzt spüre ich ›Flirren‹ im Bauch, jetzt die Spannung in meinen Oberschenkeln usw.«

Sie werden schon nach kurzer Zeit merken, dass die unlustvolle Spannung in Ihnen nachlässt. Paradoxerweise hilft diese Übung Ihnen dabei, eine Distanz zu den inneren Zuständen herzustellen. Statt, wie bisher zu versuchen, die unangenehmen Empfindungen auszublenden, wenden Sie sich jetzt dem Unlustvollen zu. Und genau dies hilft Ihnen dabei, innerlich gelassener und aufgeräumter zu sein.

Übung 3: Den Boden unter den Füßen spüren

Wie ich Ihnen bereits erläutert habe, übernehmen Sie als Eltern während der Schreiprozesse Ihres Kindes die Rolle eines lebendigen »Blitzableiters«. Die mächtigen Körperenergien, die Ihr Baby während seiner stressbedingten Schreiattacken aktiviert, erreichen ganz unmittelbar Ihren eigenen Körper. Sie werden regelrecht durchflutet und aufgeladen von den Stressenergien Ihres Babys.

Diese »Erdungsübung« hilft Ihnen dabei, sich in den intensiven Gefühlsmomenten Ihres Kindes besser mit dem Boden verwurzelt zu fühlen und so der Blitzableiter zu werden, den es in diesen emotionalen Gewittern benötigt. Unsichere Menschen stehen nicht mehr sicher auf ihren Beinen und Füßen. Sie wirken wacklig und instabil, ähnlich einem Baum, dessen Wurzeln nicht tief in den Boden reichen. Indem Sie in dieser Übung lernen, Ihre Füße gezielt wahrzunehmen, können Sie Einfluss darauf nehmen, in unsicheren Situationen wieder Standfestigkeit aufzubauen.

Nehmen Sie sich einen Augenblick Zeit und suchen Sie sich einen geeigneten Platz, um sich aufrecht in den Raum zu stellen. Die Füße sollten parallel und schulterbreit nebeneinanderstehen. Viel-

leicht gelingt es Ihnen jetzt, Ihre Aufmerksamkeit auf Ihre Füße und Fußsohlen zu lenken. Stellen Sie sich als nächstes vor, wie Ihr Atem bei jeder Ausatmung durch Ihr Becken in die Beine und weiter zu Ihren Füßen Richtung Erdboden, auf dem Sie stehen, fließt. Sie können sich vorstellen, Ihr Atem wäre ein helles Licht oder eine warme Flüssigkeit, die Sie in Richtung Ihrer Füße »schicken«. Natürlich sind all dies nur Imaginationen, aber mit deren Hilfe können Sie in einer unsicheren und gestressten Situation mit Ihrem Kind den Kontakt zum Boden bewahren. Gelingt es Ihnen, diese Bodenhaftung wiederzugewinnen, dann werden Sie sich Ihrem Baby gegenüber zeitgleich sicherer und viel abgegrenzter fühlen.

Selbstanbindung durch Bauchatmung

Übung 4: Die Kunst der Bauchatmung

Suchen Sie sich einen Ort, an dem Sie es sich für einige Minuten mit Ihrem Kind gemütlich machen können. Am besten liegt Ihr Baby mit der Vorderseite seines Körpers auf Ihrem Bauch. Sein Köpfchen können Sie mitten auf Ihrem Brustkorb, also in unmittelbarer Nähe Ihres Herzens positionieren. Jetzt verlagern Sie Ihre Aufmerksamkeit auf Ihre Atembewegungen. Spüren Sie, wie sich Ihre Bauchdecke beim Ein- und Ausatmen und mit jedem Atemzug an den Körper Ihres Babys ankuschelt. Mit jeder Einatmung hebt sich Ihre Bauchdecke und schmiegt sich an Ihr Baby an. Sie können jetzt vielleicht spüren, wie Ihr Kind durch die Bewegung Ihrer Atmung geschaukelt wird.

Bitte versuchen Sie nicht, mit Nachdruck tiefer zu atmen. Folgen Sie vielmehr Ihrer natürlichen Atembewegung. Spüren Sie, wie sich Ihr Atem mit jeder Welle in Ihren Bauchraum hineinschiebt und sich dort Raum verschafft.

Vielleicht nehmen Sie Ihr Zwerchfell wahr, jenen Hohlmuskel in der Mitte Ihres Körpers, der sich mit jedem Atemzug nach unten vorantastet. Jede Einatmung drückt das Zwerchfell etwas nach unten, sodass die Bauchorgane nach unten und nach vorne geschoben werden.

Schon nach wenigen bewussten Atemzügen können Sie eine Welle der Entspannung durch Ihren Körper fließen spüren. Nehmen Sie genau wahr, was sich in Ihrem Körper verändert. Vielleicht verteilt sich die Wärme ähnlich einer angenehmen Flüssigkeit überall in Ihnen. Die Atmung versetzt Sie unter Umständen in einen ganz aufgeweichten und tranceartigen Zustand. Auch Ihre Gefühle der Innigkeit und Verbundenheit mit Ihrem Baby können jetzt stärker werden. Forcieren Sie von all dem nichts, sondern atmen Sie ruhig weiter und realisieren Sie die Veränderungen in Ihrem Körper und im Kontakt mit Ihrem Baby.

Machen Sie sich klar, dass Sie jetzt – in diesem Zustand des Wohlbefindens – intensiv mit sich selbst in Verbindung sind. Sie spüren sich selbst! Und weil Sie sich spüren und erleben, sind Sie in diesem Moment auch für Ihr Kind erleb- und verfügbar.

Ressourcen stärken durch innere Bilder

Übung 5: Vorstellung von bindungsstärkenden Bildern

Schließen Sie die Augen und horchen Sie in Ihren Körper hinein. Achten Sie auf den Strom Ihrer Atmung, auf das Auf und Ab Ihrer Bauchdecke. Spüren Sie, wie die Atmung sich in Ihnen Raum verschafft. Spüren Sie, wie Sie mit jeder Ausatmung Ihr Gewicht an die Stuhllehne und ihre Sitzfläche abgeben.

Lassen Sie jetzt ein Bild von einer Situation in sich aufsteigen, in der Sie sich ganz zufrieden, glücklich und geborgen mit Ihrem Kind gefühlt haben. Ein kleiner Moment tiefster Nähe, in dem Sie Ihre Liebe deutlich spüren konnten und wie sehr Ihnen dieser kleine Mensch am Herzen liegt. Betrachten Sie das innere Bild näher und schauen Sie sich genau an, welche Aktivität Sie hier mit ihrem Kind teilen? Ist es ein Moment der Ruhe, Innigkeit und körperli-

chen Nähe? Vielleicht sehen Sie das Lachen Ihres Kindes oder wie es Ihnen zärtlich den Arm streichelt. Vielleicht erkennen Sie auch eine Szene, in der Sie gemeinsam auf dem Bett miteinander herumtollen, wie Sie glucksen und lachen. Hören Sie in ihrer Vorstellung die Geräusche Ihres Babys, wie es an Ihrer Brust saugt, seufzt und schnauft? Möglich ist auch, dass Sie sich jetzt an einen bestimmten Geruch erinnern, den Sie mit der Situation verbinden: den süßlichen Geruch der Milch, den betörenden Duft des Neugeborenen. Lassen Sie all diese Erinnerungen und Bilder in sich zu!

Verweilen Sie einen kleinen Augenblick bei diesem Bild. Achten Sie auf die Empfindungen, die dieses Bild in Ihrem Körper auslöst. Wann und bei welchem Bild beginnt sich Ihr Körper zu entspannen und breitet sich Wärme aus und wo entsteht ein Gefühl der Weite? Nehmen Sie wahr, wo in Ihrem Körper lustvolle und angenehme Strömungen einsetzen. Versuchen Sie zu erspüren, wo sich das Zentrum dieses Wohlbefindens befindet. Vielleicht können Sie das Gefühl genauer erfassen, das jetzt spürbar ist, wenn Sie an Ihr Kind denken. Was wird durch dieses Bild vermittelt? Ist es das Gefühl der Nähe, Verbundenheit und Vertrautheit? Ist es Dankbarkeit, Geborgenheit oder einfach nur das Erleben tiefster Zufriedenheit?

Übung 6: Der Innere Helfer

Stellen Sie sich in dieser Übung vor, wie Sie in einer herausfordernden Situation mit Ihrem Kind von einer vorgestellten Helfer-Figur unterstützt werden, die an Ihrer Seite ist und Ihnen Halt spendet.

Erinnern Sie sich hierzu an eine anstrengende und belastende Alltagssituation mit Ihrem Kind. Denken Sie noch einmal daran, was Sie in dieser Situation mit Ihrem Baby gemacht haben. Was sehen Sie in diesem Augenblick bildlich vor Ihrem inneren Auge? Stellen Sie sich vor, Sie betrachten diese Situation von außen aus der Sicht einer Begleitperson. Was macht die Mutter oder der Vater gerade mit dem Kind? Was drückt der Körper dieser erwachsenen Person aus? In welcher gefühlsmäßigen Verfassung ist die betroffene Mut-

ter oder der betroffene Vater gerade? Ist die Person belastet, genervt, ärgerlich, enttäuscht oder verunsichert? Schauen Sie sich das alles aus einer hinreichenden Distanz an. Lassen Sie jetzt in dieses Bild eine weitere Person oder Figur hinzutreten, die sich nur um die belastete Elternperson – das sind Sie! – kümmert und ihr zur Seite steht. Lassen Sie diese Figur spontan vor Ihrem geistigen Auge aufsteigen. Es kann sich um eine bekannte Person, aber auch um eine gesichtslose Figur handeln, die dazukommt, um der belasteten Mutter oder dem belasteten Vater in der vorgestellten Situation hilfreich und unterstützend beizustehen. Sobald diese Helfer-Figur in Erscheinung tritt, schauen Sie sich genau an, was sie macht und was sie verkörpert. Vielleicht umarmt Sie die Mutter oder den Vater in der Not. Vielleicht spendet sie Beistand durch liebevolle Worte oder Blicke oder aber sie gibt Rückhalt durch eine stabilisierende Berührung zwischen den Schulterblättern. Als nächstes beobachten Sie die Reaktion der belasteten Elternperson, wenn sie dieses helfende Angebot bekommt. Vielleicht können Sie jetzt erkennen, wie sich die Mutter oder der Vater durch den Rückhalt oder die Ermutigung des Inneren Helfers aufrichtet, wie sich die Gesichtszüge der Person in dem Bild aufhellen, wie sich ihr Körper lockert und entspannt oder wie sie wieder eine Blickverbindung zum Kind aufnimmt, die vorher verloren gegangen war. Während Sie in dieser Vorstellungsreise die Wirkungen der Helfer-Figur beobachten, können Sie vielleicht auch spüren, was in dem Moment, da Sie die Übung durchführen, in Ihrem Körper passiert. Vielleicht spüren Sie eine Wärme, die sich vom Bauch ausgehend in Ihrem Körper ausbreitet. Möglich ist, dass Sie bei der Imagination dieses Bildes Entspannung in bestimmten Körperregionen wahrnehmen. Oftmals ist es so, als ginge die Vorstellung des Inneren Helfers direkt unter die Haut und weiche die Person regelrecht auf. Prägen Sie sich diese helfende Figur und ihr Beziehungsangebot gut ein! Gerade in schwierigen Augenblicken, in denen Sie Ihr Kind ohne Ihren Partner durch intensive Gefühlszustände begleiten müssen, können Sie im Geiste diese Helfer-Figur wieder an Ihre Seite holen. In gewisser Weise erinnern Sie sich durch dieses Bild an einen inneren Selbstanteil, den Sie zuvor vergessen hatten. Durch die Übung des Inneren Helfers können Sie sich selbst Trost oder Rückhalt spenden, sich selbst ermutigen oder dafür Sorge tragen, dass Sie gerade in Situationen, in denen Ihr Baby herzzerreißend weint, nicht den Glauben an sich verlieren.

Bindung durch Paargespräche

Viele Eltern von besonders unruhigen Babys berichten, dass es ihnen schwerfalle, sich neben den alltäglichen Anstrengungen in der Begleitung ihrer Kinder noch um die Liebesbeziehung zu ihrem Partner zu kümmern. Vielfach ist die Folge, dass sich Paare gerade in den fordernden Zeiten des ersten Lebensjahres des Babys schnell voneinander entfremden. Oft erzählen mir Eltern, dass sie sich zwar ausgiebig über die Probleme des Kindes austauschen, jedoch kaum noch etwas darüber erfahren würden, was den wichtigsten Menschen an ihrer Seite bewege. Die Gefahr, in einen Strudel zu geraten, in dem sich die Beziehungspartner bald nichts mehr zu sagen haben, ist dann tatsächlich sehr groß. Das »Paar-Forum« ist eine einfache und strukturierte Übung, die Beziehungspartnern hilft, Wesentliches über sich mitzuteilen und auch etwas Persönliches von ihren Partnern zu erfahren.

Übung 7: Paar-Forum – Das körperorientierte Zwiegespräch

Die Übung unterteilt sich in einen verbalen und in einen nonverbalen Kommunikationsteil. In Letzterem berühren sich die Partner gegenseitig. Ich möchte Ihnen im Folgenden die einzelnen Schritte der Paarübung vorstellen. Die gesamte Übung dauert insgesamt 90 Minuten.

Phase 1: Erzählen und bedingungsloses Zuhören

In diesem ersten Teil der Übung bekommt jeder der Partner die Gelegenheit, in insgesamt drei Phasen à zehn Minuten über sich zu sprechen. Eine einfache, aber wichtige Regel lautet hierbei, seinem Gegenüber in dieser Zeit bedingungslos zuzuhören und nicht zu unterbrechen. Ihr Partner spricht vielleicht über die Belastung seines Elternseins, seine Überforderung oder auch die Enttäuschung, dass er nicht mehr Unterstützung von Ihnen erfährt. Und während Ihr Gegenüber das alles zum Ausdruck bringt, ist es Ihre Aufgabe, dem Ganzen ein offenes Ohr zu schenken. Das ist nicht immer einfach! Sie werden viel »Bauchatmung« einsetzen müssen, um Ihrem Partner nicht ins Wort zu fallen. Achten Sie darauf, was während des Zuhörens in Ihrem Körper geschieht. Versuchen Sie immer wieder, Ihren Geist zu beruhigen, indem Sie die innere Verbindung zu Ihren Körperwahrnehmungen herstellen. Vielleicht gelingt es Ihnen durch die Selbstanbindungsatmung, gut bei sich bleiben zu können. Nachdem Sie zehn Minuten zugehört haben, wechseln Sie die Rollen.

Jetzt sind Sie an der Reihe, darüber zu sprechen, was Sie momentan bewegt. Alles, was Sie innerlich beschäftigt, sollten Sie zum Ausdruck bringen. Es können Sorgen oder Gefühle in Bezug auf Ihr Kind sein, es kann Ihre Rolle als Mutter oder Vater betreffen, aber auch Ihr Erleben in Ihrer Partnerschaft. Bringen Sie alles zur Sprache, was Sie innerlich belastet und bewegt. Manchmal erscheint einem die zehnminütige Gesprächszeit zu kurz und Sie würden am liebsten weitersprechen. In diesem Fall ist es jedoch wichtig, dass Sie das Zeitlimit einhalten und erst einmal eine Pause einlegen. Ein anderes Mal empfindet man die Redezeit als viel zu lang. Ihnen fällt vielleicht nichts mehr ein, was Sie erzählen möchten. Gönnen Sie sich in diesem Fall eine Pause, in der nicht gesprochen wird. Schweigen Sie eine Weile, wenn nötig mehrere Minuten, bis die zehn Minuten verstrichen sind. Oft ist es so, dass Ihnen nach einer kurzen Bedenkzeit neue Ideen in den Sinn kommen und Sie dann weitersprechen wollen.

Wenn jeder der Partner drei Mal je zehn Minuten gesprochen hat, endet die erste Gesprächsphase der Übung.

Abb. 13: Gespräch ohne Berührung

Phase 2: Arbeit mit Sicherheit spendenden Körperberührungen

In der zweiten 15-minütigen Phase der Übung geht es darum, dass Sie von Ihrem Partner an einer von Ihnen gewünschten Stelle Ihres Körpers berührt werden. Ziel ist es hierbei, dass Sie durch die spezifischen Berührungen, die Sie miteinander teilen, das Gefühl der wechselseitigen Nähe und Verbundenheit stärken. Es ist wichtig, dass Sie vorab entscheiden, in welcher Position Sie diese Übung durchführen wollen. Für manche Menschen ist es angenehm, wenn Sie sich bei dieser Übung auf dem Boden liegend erfahren. Für andere ist es sicherer, wenn sie die Übung sitzend durchführen. Entscheiden Sie selbst, welche Position für Sie am besten passt und in welcher Lage Sie sich am wohlsten fühlen.

Nachdem Sie sich auf eine Position geeinigt haben, fragt Sie Ihr Partner – oder auch umgekehrt –, an welcher Körperstelle Sie seine Berührung als angenehm und stärkend empfinden würden. Lauschen Sie in Ihren Körper und fragen Sie sich selbst, wo für Sie dieser »sichere Ort« sein könnte. Sobald Sie es wissen, sagen Sie es Ihrem Partner. Manchmal haben Sie vielleicht mehrere Ideen, wo Ihnen eine Berührung guttun würde. In diesem Fall entscheiden Sie sich für einen ersten Versuch und beobachten dabei, wie Ihr Körper auf den Kontakt reagiert. Sobald Ihr Partner den Kontakt an der von Ihnen gewünschten Körperstel-

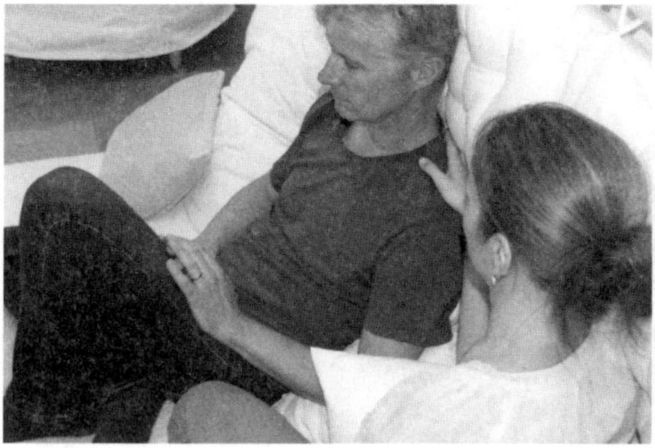

Abb. 14: Gespräch mit Berührung

le hergestellt hat, nehmen Sie die körperlichen Veränderungen in Ihrem Körper wahr. Es ist gut, diese Körperwahrnehmungen in Worte zu kleiden und Ihrem Partner mitzuteilen. Vielleicht wünschen Sie sich auch nach einer Weile, dass Ihr Partner Sie noch mal an einer anderen Stelle berührt, weil Sie glauben, dass es dort noch besser sein könnte. Probieren Sie es aus. Wenn es gut läuft, wird sich Ihr Körper noch mehr entspannen und Sie fühlen sich noch besser. Nach 15 Minuten wechseln Sie die Rollen und begleiten jetzt Ihren Partner aktiv dabei, eine Sicherheit spendende Berührung zu finden.

Mit dieser einfachen Übung gelingt es Ihnen, auch in spannungsreichen Zeiten Ihrem Partner intensiv zu begegnen und zu spüren. Durch das bedingungslose Zuhören werden Sie etwas von dem erfahren, was Ihren Partner gerade emotional und gedanklich bewegt. Die unterschiedlichen Gesprächszyklen führen dazu, dass schnell sehr persönliche und intime Gedanken und Gefühle mitgeteilt werden. Die Tatsache, dass die zuhörende Person einem nicht ins Wort fällt und bei sich bleibt, schafft einen sicheren Raum, indem zurückgehaltene Emotionen und Bedürfnisse ausgedrückt werden können.

Ratsam ist es, diese Paargespräche in regelmäßigen Abständen durchzuführen. Verabreden Sie daher einen festen Termin, denn Erfahrungen zeigen, dass solche Paar-Foren nicht funk-

Abb. 15: Gespräch nach dem körperorientierten Zwiegespräch

tionieren, wenn Sie sich spontan dazu entscheiden. Es braucht deshalb einiges an Vorbereitung und Entschiedenheit, damit diese Begegnungen möglich werden.

17 Abschließende Bemerkungen

Warum lohnt es sich, den hier vorgeschlagenen Weg im Umgang mit der Ausdruckssprache Ihres Babys einzuschlagen? Welche Vorteile ziehen Sie als Eltern daraus, welche Ihr Baby und welche darüber hinaus vielleicht unsere gesamte Gesellschaft? Seit 25 Jahren begleite ich Eltern und ihre Kinder in den verschiedenen Altersstufen. Seit dieser Zeit habe ich miterlebt, was kurz- und langfristig geschieht, sobald es Eltern gelingt, ihre Angst vor dem Babyweinen abzulegen.

Die wichtigste Veränderung aufseiten der Eltern ist, dass sie den Fokus in der Begleitung der starken Gefühle ihrer Kinder mehr auf sich legen. Statt das Kind beruhigen zu wollen, die Lösung im »Außen« zu suchen, achten die Eltern vermehrt darauf, dass sie in Verbindung mit sich und ihrem Körper bleiben. Ist der Groschen erst einmal gefallen und haben die Betroffenen erlebt, wie positiv sich die Selbstanbindung auf das Kind, auf sie als Begleiter und auch auf die gemeinsame Beziehung auswirkt, wird die »Bauchverbindung« fortan zu einem verlässlichen Gradmesser, um festzustellen, ob sie als »Kühlsysteme« und »Leuchttürme« ihrer Kinder noch hinreichend funktionieren.

Viele Eltern berichteten, dass die »Bauchatmung« auch nach Abschluss der frühen Säuglingszeit in späteren Entwicklungs- und Beziehungskrisen mit ihren Kindern noch ein ganz wichtiges Hilfsmittel sei, um bei sich bleiben zu können. Egal, ob es sich um einen Tobsuchts- oder Trotzanfall eines Kleinkindes oder einen intensiven Regelkonflikt mit einem Jugendlichen handelt, die Eltern nutzen fortan die Methoden der körperlichen Selbstanbindung, um ihre überschäumenden Gefühle zu regulieren. Eine Mutter, die einige Jahre zuvor mit ihrem Baby bei mir vorstellig in der Krisenambulanz gewesen war, drückte es wie folgt aus:

> »Seitdem ich gelernt habe, meinen eigenen Körper auch in schwierigen Gefühlssituationen mit meinem Sohn im Blick zu halten, traue ich mir viel besser zu, meine eigenen Bedürfnisse auszudrücken und auch Nein zu bestimmten Dingen zu sagen. Ich mache keine faulen Kompromisse mehr. Wenn ich jetzt spüre, dass ich mit einem bestimmten Verhalten meines pubertierenden Kindes nicht einverstanden bin, dann scheue ich mich nicht davor, Grenzen zu setzen, auch wenn ich weiß, dass es ein großes Gezeter und heftige Emotionen meines Sohnes folgen werden. In den Krisen rund um das Babyschreien habe ich vor Jahren gelernt, mit mir freundlich umzugehen und die innere Verbindung zu mir aufrechtzuerhalten. Seitdem weiß ich, dass ich jedes seiner Gefühle, sei es positiv oder negativ, tragen kann. Es ist tatsächlich so, als würde eine Stimme in mir sagen: Du hast die Geburt mit ihm geschafft, du warst bei seinen Schreianfällen an seiner Seite, also wirst du auch diese Krise mit ihm überwinden – auch wenn sie sich gerade unerträglich anfühlt.«

Was diese Mutter beschreibt, höre ich häufig von Eltern, die das Konzept der Selbstanbindung kennengelernt und im Zusammensein mit ihren kleineren und größeren Kindern erprobt haben. Eltern betonen besonders, dass sie auch in herausfordernden Situationen des Elternseins in der Lage sind, die eigenen Gefühle und Erregungszustände zu beantworten. Die verbesserte Emotionsregulation der Eltern schafft somit eine gewisse Unabhängigkeit. Ob ein Säugling auf ein bestimmtes Kontaktangebot mit Entspannung und Wohlbefinden oder aber mit Unruhe und Schreien antwortet, darf offenbleiben. Die Eltern bleiben durch die erlernte Regulationsfähigkeit viel gelassener und können dem, was ihr Kind ihnen mitteilen möchte, ruhiger begegnen. Viele berichten, dass sie durch die Methoden der Emotionellen Ersten Hilfe eine Art Grundvertrauen entwickelt hätten, jede noch so herausfordernde Entwicklungskrise und Konfliktsituation mit ihrem Kind meistern zu können.

Wenn Sie nicht mehr den ganzen Tag damit beschäftig sind, Ihr Kind bei Laune zu halten und abzulenken, hat das immense Auswirkungen auf Ihren eigenen Energie- und Kräftehaushalt. Sie werden sich am Abend weniger erschöpft und ausgelaugt fühlen als zu der Zeit, in der Sie noch versuchten, Ihr Kind von dem Ausdruck seiner stressbasierten Gefühle abzulenken. Das liegt zum einen daran, dass Sie Ihre Lebenskräfte nicht mehr darauf verwenden, die eigenen ungeliebten Selbstanteile sowie Gefühle Ihres Kindes zu unterdrücken, zum anderen hat es damit zu tun, dass die bindungsorientierte Begleitung des Babyweinens immer wieder innige Momente der Verbundenheit erzeugt. Hat Ihr Kind an Ihrem Körper seinen Kummer und Stress loslassen können, öffnet es Ihnen sofort wieder sein Herz, sodass stärkende Begegnungen zwischen Ihnen wieder möglich werden. Man könnte sagen, dass jede Weinbegleitung eine kleine Geburt ist. Für das erfolgreiche Meistern des Nadelöhrs, das heißt für Ihren Mut, sich der Intensität der Gefühle Ihres Kindes zuzuwenden und Ihrem Kind Gehör zu schenken, werden Sie mit tiefen Glücksmomenten und Verbundenheit belohnt.

Kinder, die von Beginn an die Erfahrung machen durften, dass sie mit allen ihren Gefühls- und Körperzuständen gehalten, angenommen und willkommen sind, entwickeln später eine bessere Fähigkeit, die Signale ihres Körpers wahrzunehmen und auf ihre innere Stimme zu hören. Die wichtigste Botschaft lautet deshalb, dass durch den richtigen Umgang mit dem Babyweinen eine generelle Haltung gegenüber den verkörperten Gefühlen unserer Kinder eingeübt wird. In dem Maße, wie wir als Eltern fähig sind, alle Aspekte der Persönlichkeiten unseres Kindes – und das heißt eben auch ihre schwierigen und schattigen Seiten – zu begrüßen und zu bejahen, lernen unsere Kinder durch diese sicheren Bindungserfahrungen in späteren Lebensphasen ihre eigenen Gefühls- und Stresszustände besser zu befürsorgen.

In gewisser Weise lässt es sich auch so ausdrücken: Die selbstangebundene und sichere Begleitung des weinenden Babys wird in dem späteren Erwachsenen zum Grundstock von jenem Selbstanteil, den wir als »innere Eltern« bezeichnen können. Dieser wohlwollende, innere Elternteil bleibt gelassen und stabil, wenn es um die Begleitung von schwierigen inneren Gefühlszuständen geht. Dieser Selbstanteil kann auch dann dableiben, wenn in stressigen Situationen die Luft dünn wird. So wie die reale Mutter durch ihre Bauchatmung zu einer hinreichend stabilen Begleiterin ihres Kindes wird, so lebt die reale Elternperson als Halt gebende innere Instanz in dem später erwachsenen Kind fort. Hierin sehe ich die eigentliche Hoffnung, die für das Investment in die Förderung von stabilen Bindungsbeziehungen spricht: Indem Sie sich als Eltern darum bemühen, die abgelehnten Selbstanteile wie Ihre Trauer, Wut oder Angst zu identifizieren und in sich liebevoll zu versorgen, entlasten Sie nicht nur Ihre Kinder, die sich nun nicht mehr um Ihre unversorgten Selbstanteile kümmern müssen, sondern zugleich – und das ist die gute Nachricht – werden Sie durch diese »innere Beziehungsarbeit« zu guten Vorbildern für einen achtsamen und friedfertigeren Selbstumgang. Unsere Kinder müssen sich nicht um uns sorgen, weil sie spüren, dass wir Eltern die Betreuung unserer Gefühle selbst übernehmen.

Ich möchte nochmals eindringlich darauf verweisen, dass ich hier nicht von einem ultimativen Alles-oder-Nichts-Prinzip spreche. Ein gelingender Beziehungsmoment schafft noch kein stabiles und tragfähiges Band. Und andersherum ist ein Fehltritt, eine Unachtsamkeit oder ein verletzender Kontaktabriss nicht gleich das Ende einer gelingenden Bindung.

Bindung ist ein dynamisches Geschehen. Man *hat* keine gute Bindung. Nein, wir schaffen jeden Tag neue gelingende Bindungsmomente. Das Herz dieser gelingenden Erfahrungen sind Momente, in denen wir unsere Kinder erkennen, sie fühlen und in denen sie uns unter die Haut gehen. In gewisser Weise spielt es keine entscheidende Rolle, ob es mal eine Situation oder gar eine längere Phase gibt, in der diese Qualität der Begegnung niedriger wird. Entscheidend ist, dass wir diese schwächenden Dynamiken frühzeitig erkennen und beenden, dann sind wir in der Lage, uns wieder zu fokussieren und die Verbundenheit zu uns und unserem Kind wieder ins Zentrum zu stellen.

Was bedeutet dieser Umgang mit dem Babyweinen nun für die Zukunft unserer Gesellschaft? Derzeit können wir beobachten, dass sich eine immer größer werdende Gruppe von Eltern unsicher und überfordert fühlt, wenn es um die Begleitung ihrer Kinder geht. Der derzeitige Trend ist insofern erschreckend, als die gesamte gesellschaftliche Entwicklung eher dahin strebt, unangenehme und belastende Gefühle unserer Kinder zu »managen« und abzuwickeln. Unsere Gesellschaft fordert perfekte und optimierte Eltern, die ihre Kinder reibungsfrei versorgen und begleiten, damit es zufriedene und brave Kinder gibt. Doch was heißt es, wenn eine ganze Gesellschaft die »lauten« Botschaften der Babys, die von Unglück, Einsamkeit, Schmerz und Überforderung »erzählen«, ignoriert? Was passiert, wenn wir massenhaft einem hedonistischen Ideal nachstreben, bei dem für diese Ausdrucksform von Unlust und Schmerz kein Platz mehr ist?

Ich bin der festen Überzeugung, dass unsere modernen Gesellschaften – angesichts der vielfältigen globalen Krisen in den Bereichen Ökonomie, Ökologie und demokratisches Zusammenleben – mehr denn je Menschen benötigen, die durch ihre gleichermaßen gefestigten und flexiblen Persönlichkeitsstrukturen in der Lage sind, auf diese immensen Herausforderungen unserer heutigen Zeit eigenverantwortlich, kreativ und kooperativ zu antworten. Wir wissen heute, dass unsere Fähigkeit zum Lernen, zur Emotionsregulation und zum einfühlsamen sozialen Miteinander bereits in den ersten Jahren unserer Entwicklung angelegt werden. Wenn unsere Babys die Erfahrung machen dürfen, dass jedes ihrer Gefühle – eben auch die »lauten« und

»herausfordernden« – ernst genommen wird, dass sie immer wieder erleben dürfen, dass sie mit allen Facetten ihres Seins willkommen sind und gehalten werden, so ist eine der wichtigsten Voraussetzungen erfüllt für die Entstehung jener Gabe, die wir später soziales und ökologisches Verantwortungsgefühl nennen. Insofern verstehe ich die Arbeit mit Babys und ihren Eltern als einen wichtigen Beitrag für eine Welt, in der echte Mitmenschlichkeit, sozialer Frieden und der Schutz unserer ökologischen Ressourcen eine Zukunft haben.

Literatur

Brisch, K.H. (2018). *Säuglings- und Kleinkindalter* (4. Aufl.). Stuttgart: Klett-Cotta.

Chamberlain, D. (2010). *Woran Babys sich erinnern. Über die Anfänge unseres Bewusstseins im Mutterleib* (7. Aufl.). München: Kösel.

Darwin, C. (2012). *Der Ausdruck der Gemuetsbewegungen bei dem Menschen und den Tieren* [E-Book]. Bremen: Europäischer Hochschulverlag.

Davis, W. (1999). Störungen und Neuordnungen. In H. Lassek (Hrsg.), *Wissenschaft vom Lebendigen*. Berlin: Leutner.

Derksen, B. & Lohmann, S. (2013). *Baby-Lesen. Die Signale des Säuglings sehen und verstehen* (2., aktual. Aufl.). Stuttgart: Hippokrates.

Deyringer, M. (2016). *Bindung durch Berührung* (durchges. Neuaufl.). Gießen: Psychosozial-Verlag.

Dornes, M. (2001). *Der kompetente Säugling. Die präverbale Entwicklung des Menschen* (10. Aufl.). Frankfurt/M.: Fischer Taschenbuch.

Emerson, W. (2012). *Behandlung von Geburtstrauma bei Säuglingen und Kindern*. Heidelberg: Mattes.

Gerhardt, S. (2006). *Die Kraft der Elternliebe. Wie Zuwendung das kindliche Gehirn prägt*. Düsseldorf: Walter.

Geuter, U. (2015). *Körperpsychotherapie. Grundriss einer Theorie für die klinische Praxis*. Heidelberg: Springer.

Harms, T. (2016). *Emotionelle Erste Hilfe. Bindungsförderung – Krisenberatung – Eltern-Baby-Therapie* (durchges. Neuaufl.). Gießen: Psychosozial-Verlag.

Harms, T. (Hrsg.). (2017a). *Auf die Welt gekommen. Die neuen Babytherapien* (erw. Neuaufl.). Gießen: Psychosozial-Verlag.

Harms, T. (Hrsg.). (2017b). *Körperpsychotherapie mit Säuglingen und Eltern* (2. Aufl.). Gießen: Psychosozial-Verlag.

Henzinger, U. (2017). *Bindung und Autonomie in der frühen Kindheit*. Gießen: Psychosozial-Verlag.

Hüther, G. (2010). *Bedienungsanleitung für ein menschliches Gehirn* (12. Aufl.). Göttingen: Vandenhoeck & Ruprecht.

Janus, L. (2011). *Wie die Seele entsteht. Unser psychisches Leben vor, während und nach der Geburt* (2., überarb. u. erw. Aufl.). Heidelberg: Mattes.

Janus, L. (2015). *Geburt*. Gießen: Psychosozial-Verlag.

Liedloff, J. (2017). *Auf der Suche nach dem verlorenen Glück. Gegen die Zerstörung der Glücksfähigkeit in der frühen Kindheit* (8. Aufl.). München: C.H. Beck.

Levine, P. (2011). *Sprache ohne Worte. Wie unser Körper Trauma verarbeitet und uns in die innere Balance zurückführt* (8. Aufl.). München: Kösel.

Medicus, G. (2017). *Was uns Menschen verbindet. Humanethologische Angebote zur Verständigung zwischen Leib- und Seelenwissenschaften* (4., korr. u. erw. Aufl.). Berlin: VWB – Verlag für Wissenschaft und Bildung.

Moeller, L.M. (2010). *Die Wahrheit beginnt zu zweit. Das Paar im Gespräch* (34. Aufl.). Rowohlt: Reinbek.

Montagu, A. (2015). *Körperkontakt. Die Bedeutung der Haut für die menschliche Entwicklung* (13. Aufl.). Stuttgart: Klett-Cotta.

Odent, M. (2018). *Die Wurzeln der Liebe. Wie unsere wichtigste Emotion entsteht* (unveränd. Neuaufl.). Gießen: Psychosozial-Verlag.

Papousek, M., Schieche, M. & Wurmser, H. (Hrsg.). (2004). *Regulationsstörungen der frühen Kindheit. Frühe Risiken und Hilfen im Entwicklungskontext der Eltern-Kind-Beziehungen*. Bern: Huber.

Porges, S. (2010). *Die Polyvagal-Theorie. Neurophysiologische Grundlagen der Therapie. Emotionen, Bindung, Kommunikation und ihre Entstehung*. Paderborn: Junfermann.

Porges, S. (2018). *Die Polyvagal-Theorie und die Suche nach Sicherheit. Traumabehandlung, soziales Engagement und Bindung* (2. Aufl.). Lichtenau: G.P. Probst.

Reich, E. & Zornansky, E. (1993). *Lebensenergie durch Sanfte Bioenergetik*. München: Kösel.

Renggli, F. (2018). *Früheste Erfahrungen – ein Schlüssel zum Leben. Wie unsere Traumata aus Schwangerschaft und Geburt ausheilen können* (überarb. Neuaufl.). Gießen: Psychosozial-Verlag.

Storch, M., Cantieni, B., Hüther, G. & Tschacher, W. (2017). *Embodiment. Die Wechselwirkung von Körper und Psyche verstehen und nutzen* (3. Aufl.). Göttingen: Hogrefe.

Terry, K. (2015). *Vom Schreien zum Schmusen, vom Weinen zur Wonne: Babys verstehen und heilen* (2. Aufl.). Wien: Jentzsch.

Uvnäs-Moberg, K. (2016). *Oxytocin, das Hormon der Nähe. Gesundheit – Wohlbefinden – Beziehung*. Heidelberg: Springer Spektrum.

Van der Kolk, B. (2017). *Verkörperter Schrecken. Traumaspuren in Gehirn, Geist und Körper und wie man sie heilen kann* (4. Aufl.). Lichtenau: G.P. Probst.

Internetseiten zum Thema

Hier sind einige Internetseiten aufgeführt, auf denen Sie weitere Informationen zum Thema finden können:

www.emotionelle-erste-hilfe.org
www.thomasharms.org
www.isppm.de
www.gaimh.org
www.liga-kind.de

Danksagung

Als mir vor einigen Jahren zum ersten Mal die Idee kam, ein spezielles Buch für Eltern zu schreiben, dachte ich, das müsste schnell gemacht sein: ein eher simples Büchlein in einfachen Worten und eher »aus dem Bauch heraus« geschrieben, um Eltern ihre Angst vor den Babytränen zu nehmen. Tatsächlich hat mir das Verfassen dieser Schrift dann viel mehr abverlangt, als ich mir je zu träumen gewagt hätte. Dies lag vor allem daran, dass ich anfänglich Mühe hatte, den »richtigen Ton« zu finden. Immer wieder rutschte ich während meiner Ausführungen in eine Fachsprache, die auf mich zu ausführlich, abstrakt oder einfach zu wenig einladend wirkte. Dann wieder hatte ich das Gefühl, in den Beschreibungen der Schreiprozesse den Eltern den »schwarzen Peter« zuzuschieben. Auch dies entsprach nicht meinem Anliegen.

Richtig voran ging es erst, als ich Menschen aus meinem persönlichen und beruflichen Umfeld bat, das Manuskript aus der Sicht betroffener Eltern zu lesen und mir anschließend Rückmeldungen zu geben, was ich anders machen müsste. Ein großes Dankeschön geht an dieser Stelle an meine lieben EEH-Kolleginnen Mechthild Deyringer, Burgi Egerbacher-Anker, Ursula Henzinger, Barbara Walcher und Ania Bothe, die zu verschiedenen Zeitpunkten die Rohfassungen des Manuskripts aufmerksam gelesen haben und mir wertvolle Hinweise gaben, sodass ich mit meinem Elternbuch auf den richtigen Weg kam.

Von Herzen möchte ich mich bei meiner Frau Karin bedanken, die mich – während unseres gemeinsamen Segelurlaubs – in der Schlussphase der Arbeit immer wieder ermutigt und redaktionell unterstützt hat. Gleichzeitig scheute sie sich nicht, mich bei ihrer Durchsicht des Manuskriptes mit den noch vorhandenen Mängeln und Unstimmigkeiten des Textes zu konfrontieren. So schmerzhaft dies für den Autor auch war, so gut hat es der Klarheit und Melodie dieses Buches getan. Die Tatsache, dass die abschließenden Arbeiten an dem Buch bei Wind und Wetter auf dem Meer und in schönen Häfen passierten, mag erklären, warum sich in diesem Buch so viele Analogien zur Seefahrt, zu den Leuchttürmen und Sicherheitshäfen finden.

Mein Dank geht auch an meine Lektoren Jessica Vogt vom Psychosozial-Verlag, die dem Text mit viel Einfühlungsvermögen den letzten Schliff verpasste, und ebenso an Christian Flierl, der mich seit Jahren bei meinen Projekten im Verlag begleitet und mit dem die Zusammenarbeit eine große Freude ist.

Bei der Erstellung der Fotos für dieses Buch waren mir Bettina Meyer-Merkelbach, ihr Ehemann Fabian Meyer und Tochter Gwenn sowie meine EEH-Kollegin Cornelia Reichlin eine große Unterstützung. Ihnen möchte ich genauso von Herzen danken wie Peter Haeberlin, der die anschaulichen Grafiken in diesem Buch erstellte.

Ganz zum Schluss soll mein Dank noch den vielen Eltern und Babys gelten, die ich in den vergangenen 25 Jahren meiner Arbeit begleiten durfte. Nichts von dem, was ich in diesem Buch zusammengetragen habe, hätte passieren können, wenn sie mir nicht das Vertrauen geschenkt hätten, neue Wege im Umgang mit dem Weinen Ihrer Babys auszuprobieren.

Psychosozial-Verlag

Thomas Harms (Hg.)

Körperpsychotherapie mit Säuglingen und Eltern

Grundlagen und Praxis

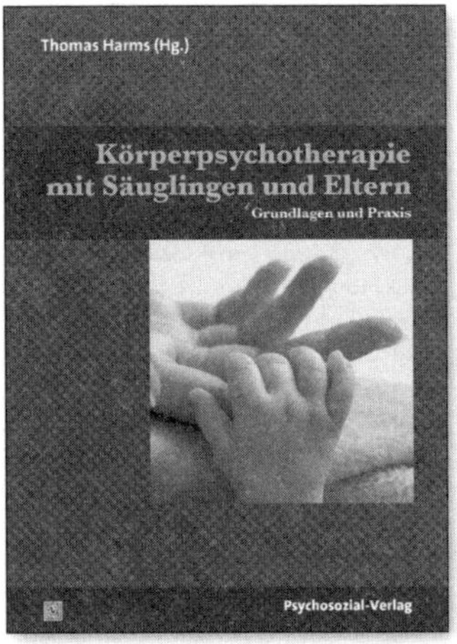

2016 · 455 Seiten · Broschur
ISBN 978-3-8379-2389-6

Dieses Buch vermittelt erstmalig einen Überblick über den aktuellen Forschungsstand und praktische Einsatzbereiche der Eltern-Säuglings-Kleinkind-Körperpsychotherapie.

Frühe Regulations- und Bindungsstörungen von Säuglingen und Kleinkindern schreiben sich in ihr Körpergedächtnis ein. In der Körperpsychotherapie mit Eltern und Babys helfen Berührungen, Atmung und achtsame Körperwahrnehmung, die während Schwangerschaft, Geburt und erster Lebenszeit erfahrenen Verletzungen zu überwinden.

In den letzten drei Jahrzehnten ist eine Vielfalt von neuen Ansätzen in der Körperpsychotherapie mit Eltern, Säuglingen und Kleinkindern entstanden. Dieser Sammelband vermittelt einen Überblick über die Strömungen, Hintergründe und Einsatzbereiche der körperorientierten Eltern-Säuglings-Kleinkind-Beratung und -Psychotherapie. Praxisnah berichten international bekannte Fachleute aus dem Feld der Körperpsychotherapie, wie sie Eltern und Babys dabei unterstützen, früh erfahrene Verletzungen und Bindungstraumata zu verarbeiten.

Mit Beiträgen von Matthew Appleton, Dirk Beckedorf, Regina Bücher, Mechthild Deyringer, Paula Diederichs, Peter Geißler, Thomas Greil, Thomas Harms, Christine Hausch, Ludwig Janus, Klaus Käppeli, Doris Lange, Sabrina Mathea, Rudolf Merkel, Gerd Poerschke, Franz Renggli, Petra Saltuari, Antonia Stulz-Koller, Sabine Trautmann-Voigt, Inga Wagenknecht und Anja Weiffen

Walltorstr. 10 · 35390 Gießen · Tel. 0641-969978-18 · Fax 0641-969978-19
bestellung@psychosozial-verlag.de · www.psychosozial-verlag.de